한 번의 퇴사
열 번의 남미

칠레, 볼리비아, 쿠바, 아르헨티나, 페루 여행 필독서

한 번의 퇴사 열 번의 남미

허소라 지음

harmonybook

#Prologue

방황, 여행의 시작

여행의 시발점에는 언제나 방황이 있었다. 어렵다는 취업시장을 뚫고 입사 4년 차, 드디어 '대리'가 되었다. 우리나라에서 손꼽히는 대기업이었다. 하지만 결국 퇴사를 결심했다. 진짜 내 인생을 살고 싶었다. 거대 조직의 작은 부품으로 살고 싶지 않았다. 내 인생의 목적이 내 집 마련, 내 차 마련, 행복한 노후생활 따위가 되고 싶지 않았다. 회사는 전쟁터지만 나가면 '지옥'이라 말하며 자위하고 싶지 않았다. 그러니까 나는 제2의 사춘기를 겪고 있었던 셈이다.

퇴사를 결심하기 몇 달 전, 나의 첫 사수를 떠나보냈다. 선배는 내게 각별한 사람이었다. 첫 회사의, 첫 프로젝트에서 만난, 나의 첫 사수였다. 어리바리 아무것도 모르는 나를 차근차근 가르쳤고, 타지 생활과 야근 그리고 스트레스 속에도 먼저 농담을 건네는 사람이었다. 선배는, 나에게는 마냥 커 보이는 사람이었다. 처음이었다, 이렇게 가까운 사람이 세상을 떠난 것은.

내가 좋아하고 똑똑하고 예쁘고 일까지 잘하던 우리 과장님과 술을 한 잔 했다. 과장님도 신입시절엔 - 서른이 되면 회사를 그만두고 마추픽추에 가있을 거라고- 생각했다고 한다. 하지만 그런 그녀는 사라지고, 이 자리에는 하루 종일 일에 치여 있는 10년차 과장이 있을 뿐이다. 설마 나의 6년 후 인생이 현재 그녀와 비슷한 모습은 아닐까 하는 두려움이 찾아왔다.

사실 꼭 남미여행이 가고 싶었던 것은 아니었다. 퇴사를 해서 시간도 많고, 퇴직금도 생겼는데 할 일도 없으니 여행이나 가야지 싶었다. 길게 여행 갈 수 있는 기회가 많이 없으니 최대한 멀리 가야겠다 싶어 지구 반대편, 남미행을 결정했다.

막상 회사를 그만두려니, 돈에 대한 생각이 많이 들었다. 회사를 다니면서 돈 걱정한 적이 없었다. 돈을 어디에 쓰는지도 모르는 채 써도 돈은 남아 있었다. 이렇게 별생각 없이 돈을 쓰고, 삶에 대한 고민 없이 살았다면 내가 가질 수 있는 것들에 대한 가치를 인지하지도 못한 채 그저 '펑펑' 소비하는 생활만을 해댔겠지. 인생이라는 건, 분명 나를 주체로 흘러가야 하는데, 어느새 나는 외부 자극에 반응만 하며 사느라 급급했다. 내가 내 인생의 주인공이 되는 것, 내가 하는 행동에 대한 인지와 감사함을 갖고 사는 것. 그저 일에 치여 하루하루, 그리고 한 달을 보내고 나면 얻는 월급. 그것이 타인에게는 얼마나 큰 가치인지 전혀 인식하지 못하고 펑펑 써대는 나. 이제는 그만 할 때가 되었다고 생각했다.

회사를 그만두는 게 마냥 행복하지만은 않았다. 선배 말마따나 첫 회사는 첫사랑 같았다. 첫 남자친구와 헤어지는 것 같은, 복잡 미묘한 혹은 시원 섭섭한 마음이 들었다. 게다가 진짜 남자친구와도 헤어졌으니….

6개월의 중남미 여행 후, 나는 백수가 되었다. 그리고 아주 우연한 기회에 다시 남미로 돌아가게 되었다. 여행자가 아닌 인솔자로. 이제 여행으로 밥 벌어먹은 지 3년, 남미를 열 번쯤 다녀왔다. 그래도 아직 남미가 좋다. 서울에 한 달만 있어도 남미가 생각나고 그립다. 예전만큼 돈은 많이 못 벌어도, 그래도 행복하다. 한 번의 퇴사로 열 번의 남미를 얻었으니까.

그럼 우리 모두, Buena suerte!

Tip

퇴사 프로세스

우선 마음을 먹는다. 왜냐면 퇴사한다고 말만 하고 다니는 인간이 대다수이기 때문. 본인만의 기준이 있는 게 좋다. 나의 기준은 퇴직금 천만 원이었다. 내가 다녔던 회사의 경우 인사 시스템이 잘 구축되어 있어서 언제나 예상 퇴직금을 알 수 있었다. 예상 퇴직금이 천만 원을 넘겼을 때 기분이란!

퇴사 신청도 보통 인트라넷 인사시스템에서 직접 신청이 가능하다. 그러나 팀장님과 상의 없이 퇴사 신청 버튼을 누르는 경우, 매우 피곤한 마지막이 될 수 있다. 그러니 가급적 팀장님 및 가까운 사수와는 미리 퇴사에 대해 상의하는 것을 추천한다. 게다가 사수에게 언급 없이 팀장님께 다이렉트로 가면 사수가 삐질 수 있으니 조심한다. (나가는 마당에….) 사수에게 면담을 신청해 퇴사 프로세스에 대해 간략하게 논의하고 나면, 사수가 팀장님 면담을 잡아줄 것이다. (아니면 셀프) 그리고 팀장님과 이야기를 끝낸 후에 인사시스템에서 퇴사 신청을 누른다. 그럼 이제 인사팀에서 연락이 온다. 보통 인사팀에서 절차대로 잘 처리를 해준다. 우리가 할 거라고는 노트북이나 사원증 같은 물품을 회사에 반납하는 것

뿐이다. 아, 왜 퇴사를 하는지 인사팀에서도 면담을 요청할 수 있다. 또한 퇴직금 정산 등을 위해 퇴사 후에 또 연락이 올 수도 있다. 미사용 연차를 수당으로 받거나, 휴가로 써야 한다는 사실도 절대 잊지 말자.

아! 더 중요한 건 인수인계. 퇴사하고 또 연락 오지 않도록 인수인계 문서는 최대한 자세하게 작성한다. 그리고 빠르게 해외로 뜬다. 그래야 연락해도 연락을 받을 수 없다는 핑계가 가능하다. 나 같은 경우는 쿠바로 갔기 때문에 연락을 하고 싶어도 할 수가 없었다. 쿠바의 인터넷이 너무 느려서 어쩔 수 없이(?) 회사 단체 카톡을 나갈 수밖에 없었다. 매일 저녁 6시, 저녁식사 메뉴를 이야기하는 회사팀 카톡을 나오는 기분이란!

이상은 필자가 다녔던 회사의 프로세스이므로 회사마다 조금씩 다를 수 있다. 나가는 마당에 뭘 그리 신경 써야 하나 싶지만, 그래도 마지막이라고 해서 깽판 치고 나오지는 말자. 이 세상 어디에서 또 만날지 모르니!

Tip

퇴사 전 체크리스트

왜 퇴사를 하고 싶은지부터 확실히 생각해 본다. 구체적으로 이유를 적어본다. 글로 적다 보면 생각이 구체화되기도 하고, 한 발짝 물러서서 객관적으로 본인의 상황을 볼 수 있다. 퇴사 이유 중 내가 개선할 수 있는 점이 있다면 먼저 고쳐보고 다시 생각해 보자. 퇴사를 했을 때와 하지 않았을 때 일어날 일들과 그 일들의 이해득실에 가중치를 매겨 계산해 본다. 가중치는 내가 인생에서 얼마나 중요하게 생각하는 가치인가에 따라 달라진다. 퇴사했을 때 인생이 더 가치 있다고 생각된다면 저지른다. 만약 반대라면 다시 한번 생각해 보자.

퇴사하면 하고 싶은 일의 리스트를 작성한다. 꼭 회사를 그만둬야만 할 수 있는 일들인가? 그렇다면 그만둔다. 그렇지 않다면 일을 하면서 천천히 하나씩 해보자.

퇴사를 하고, 백수가 되게 되면 제약이 많아진다. 신용카드 만들기도 힘들고, 대출받기도 힘들다. 재정상태를 고려하여 재직 중인 신분을 이용하도록 한다. 퇴직 전 좋은 조건에서 발급받을 수 있는 신용카드를 만들어둔다.

이직할 때 필요한 포트폴리오를 위하여 본인이 했던 업무 중 중요한 자료는 따로 백업한다. 회사의 보안과 법률을 준수하는 선에서 말이다.

CONTENTS

첫 번째 공간, 칠레

"The life you have led doesn't need to be the only life you have."

- Anna Quindlen

#첫 번째 상념_
유리멘탈

여행을 하다 보면, 나 스스로에 대해 다시 생각할 기회가 많아진다. 내가 어떤 사람인가에 대한 정의는 언제나 내리기 힘들다. 하지만 여행을 가게 되면, 일상의 자질구레한 일에서 벗어나 한 발짝 물러서서 내 주위에서 벌어지는 일련의 사건들을 조망할 수 있게 된다. 그래서 여행에서 자신을 찾고자 하는 사람들이 많은 것 아닐까. 어쨌거나 나에게도 그런 기회가 있었다. 어이없게도 나에 대해 돌아보게 된 사건은 '자전거'에서 시작되었다. 산 페드로 데 아타까마에서 가장 유명한 관광지는 달의 계곡이다. 자동차 투어를 이용하여 다녀올 수도 있지만 자전거를 대여하면 더 싸게 다녀올 수 있다. 자전거를 잘 타는 사람이라면 센트로에서 약 16km 떨어진 달의 계곡까지는 반나절이면 거뜬히 다녀올 수 있다. 그러나 나에게 자전거는 집 앞 호수공원에서 구남친과 몇 번 시도해 본 적 없는 낯선 운동이었다. 그렇지만 도전을 사랑하는 나의 일행, 젊은 남자 둘은 나에게 자신의 한계를 깨 보라며 자전거를 타 보자고 권유했다. 정말 자신 없어하는 나를 위해 그들은 나에게 대안을 제시했다. 그렇다면 오늘 자전거를 타고 3km 거리에 있는 키토르라는 작은 유적지에 가보자고. 3km 라면 시도해볼 만하다!라는 생각에 불볕더위 사막에서 레깅스에 겨울 청바지, 그리고 긴팔에 헬멧까지 풀 장착한 후 키토르로 향했다.

비틀비틀 거리며 자전거를 타는 나를 보며 Good Luck!이라 외쳐주던 여행자들을 지나쳐 키토르로 향했다. 그래도 타다 보니 어찌어찌 키토르까지 무사 도착했다. 도착해서는 생각보다 비싼 입장료에 결국 입구에서 사진만 찍고 다시 자전거를 타고 돌아오기 시작했다. 자신감이 붙은 나는 속력을 내어 쌩쌩 달렸다. 사막에서 시원한 바람을 맞으며 타는 자전거라, 기분이 좋았다. 마을에 다다러서는 차도로 자전거를 탈 수밖에 없었다. 그리고 멀쩡하게 가던 나는 멀리서 다가오는 자동차를 보고 혼자 비틀거리다 그만 벽에 자전거와 나를 박아버리고 말았다. 뒤에서 따라오던 친구들은 웃음을 참지 못했다. 차와 나의 거리가 2m 이상이었는데 도대체 왜 넘어진 거냐며 나를 비웃었다. 나는 그냥 멀리서 다가오는 자동차가 무서웠다. 그게 전부다. 분명 그 전까지만 해도 혼자서 쌩쌩 잘 타던 자전거를, 멀리서 다가오는 그 두려움 하나로 그렇게 중심을 잃어버리다니, 이건 정말 멘탈의 문제라는 생각이 들었다. 그나마 친구의 충고로 겨울 청바지를 입었던 덕분에 큰 부상은 없이 발목 조금, 그리고 손바닥 가득 피를 흘리며 사고 장소 옆 호스텔에 들어가 피가 나는 손을 씻었다. 아프기도 하고 부끄럽기도 하고 눈물이 맺히는 것 같았지만…. 아직 숙소까지는 10분 정도 더 가야 하기 때문에 꾸욱 참고 다시 자전거를 탔다. 돌아와서도 끝없는 놀림을 받아야 했다. 그렇지만 다쳤다는 이유로 저녁 식사 준비와 설거지를 면제받고 호스텔의 다른 친구들에게 나 넘어졌다고, 나 아프다고, 징징거리며 그나마 위안받을 수 있었다. 그리고 결국 투어는 자전거가 아닌, 단체 버스 투어로 결론이 났다.

나는 뭐가 그리 무서웠을까? 자동차는 저 멀리에서 다가오다 이미 내 옆을 지나가버렸지만, 나는 내 중심을 잃고 그렇게 혼자 벽에 부딪혀버렸다. 바보. 내 인생이 떠올랐다. 도대체 나는 뭐가 무서워서 그렇게 피했을까. 그 실체가 있기는 했을까? 내 안의 두려움이 나를 잡아먹어 버릴 때까지 나는 진짜 일어나고 있는 일들을 냉정하게 바라보지 못했다. 그렇다. 나는 유리멘탈이었다. 젠장.

Tip

자전거 투어

키토르

산 페드로 데 아타까마 마을에서 3km 정도 떨어진 곳에 위치했으며, 12세기에 건설된 돌로 만들어진 요새이다. 유적지로서 볼 것은 많지 않지만 위에서 내려보는 산 페드로 강(오아시스의 근원)과 사막의 풍경이 꽤나 웅장하다. 도보로는 약 40분 소요되며 자전거로는 15분 정도 걸린다. 외국인과 내국인의 입장료가 다르다.

달의 계곡

편도 11km / 왕복 22km 이므로 자전거 중급자 이상이 아니면 추천하지 않는다. 자전거 도로가 따로 있는 것이 아니라 차도로 이동하거나 울퉁불퉁한 거리도 이동해야 한다. 사막인 만큼 햇빛이 따갑고, 그늘이 없으니 모자와 선크림 물 선글라스 등은 필수!

자전거 대여점

마을의 중심가인 Caracol 거리에 가면 자전거 대여점이 곳곳에 위치해있다.

Caracol 거리 곳곳에 자전거 대여점이 있으니 자전거 상태와 가격을 비교해보고 렌트하는 것이 좋다. 렌트할 때는 신분증을 요구하는 곳이 대부분.

#두 번째 상념_

나의 구세주, Juan 아저씨

드디어 오늘, 히치하이킹을 시작해 보기로 했다. 이제 진짜 배낭여행이 시작되는 건가? 4달 만에 여행 2막이 시작되는 기분에 마음이 들떴다. 둥둥. 들뜬 마음도 잠시, 태양이 작열하는 아타까마 사막에서 13kg가 넘는 배낭을 메고 고속도로 입구까지 걷고 나니 시작부터 포기하고 싶은 마음이 굴뚝같았다. 그래도 해보자는 마음 하나로 친구와 둘이 고속도로에 서서 소심하게 히치 포즈를 취하기 시작했다. 처음이라 어색하고 헛웃음이 났다. 그래도 지나가면서 웃어주거나 손을 흔들어 주며 파이팅을 외쳐주는 운전자들을 보면 힘이 났다! 칠레 사람들은 따뜻하구나! 하, 뜨겁다 뜨거워. 흐흐. 사실 첫 히치하이킹은 어렵지도 않았다. 한 10분쯤 지났을까? 지프차 한대가 섰다! 얼른 달려가 '¡Hola, Señor! ¿A dónde va?'(안녕하세요, 아저씨! 어디 가세요?)라고 물었다. 내가 먼저 목적지를 말하면 방향이 달라 못 탈까 봐 아저씨가 말하는

목적지 근처로 선회해볼까 생각했기 때문이다. 근데 이게 웬걸? 우리가 가고파 했던 해안도시 '안토파가스타'로 가신다는 거다! 우와! 신나서 그라시아스를 외치며 차에 탑승했다.

아저씨 성함은 후안 Juan, 무려 아타까마 우체국 국장이셨다. 아타까마를 돌아다니며 우체국을 몇 번이나 지나쳤는데 거기서 일하는 분이셨다니, 정말 세상은 모두 연결되는구나 싶었다. 우체국에서 20년이나 근무하신 후안 아저씨는 아타까마가 유명 관광지인 만큼 영어와 독일어를 공부하신다고 했다. 내 얘기를 물으시길래, 4년 일하다 그만두고 여행을 시작했다고 말씀드렸다. 20년이나 쉼 없이 일하신 아저씨 앞에서, 겨우 4년 일하고 힘들어 때려치웠다고 말씀드리기가 부끄러워졌다. 열심히 사는 사람들을 만나면 가끔 그런 생각이 든다. 나는 어디로 가고 있는 걸까.

어쨌거나 오늘 후안 아저씨는 안토파가스타에 계신 부모님과 함께 휴가를 보내기 위해 마침 그곳으로 향하던 중이라고 하셨다. 이런 행운이! 차를 타고 가다 보니 또 다른 외국인 둘이 히치하이킹을 하는 모습이 보였다. 하루 만에 이런 동질감이라니, 하하. 후안 아저씨께 여쭤보니 칠레에서는 히치하이킹을 많이 한다고 하셨다. 남미의 여타 국가들보다 치안이 좋고, 사람들도 잘 태워주는 편이라고! "San Pedro" 라 적힌 박스 쪼가리를 보며 그녀들도 얼른 히치하이킹에 성공하길 빌었다!

Tip

남미에서 히치하이킹

치안이 좋지 않은 곳에서는 히치하이킹을 추천하지 않는다. 비교적 안전하고 물가가 비싼 칠레, 아르헨티나 특히 파타고니아에서는 히치하이커를 많이 볼 수 있다.
히치하이킹을 할 때는, 차를 정차하기 쉬운 곳에서 기다려야 한다. 차가 붐비는 시내보다는 고속도로 입구 근처에서 잠시 차를 세울 수 있는 공간이 있는 곳이 가장 좋은 위치!
가장 중요한 것은 운전자와의 아이컨택. 작은 승용차보다는 운전을 직업으로 하는 트럭 아저씨들이 차를 잘 세워준다. 지루한 장거리 운전에서 즐거운 말동무를 얻을 수 있으니.

#세 번째 상념_
우리가 사는 데는 얼마나 많은 짐이 필요할까?

우리가 사는 데는 얼마나 많은 것들이 필요할까? 의, 식, 주. 몇 벌의 옷과 음식, 그리고 내 몸 하나 누일 곳이면 충분하다. 적어도 지금은 그렇게 생각한다. 그러나, 1년 전의 나는 달랐다.

의 : 지나가다 예쁘면 산다. 안 입는 옷이 옷장 안에 수두룩하다.

식 : 잦은 야근을 핑계로 요리는커녕 라면만 몇 번 끓여 먹었을 뿐. 주로 친구를 불러 배달 음식에 술….

주 : 회사 근처의 꽤나 좋은 오피스텔에서 혼자 독립해서 살았다. 그랬다, 1년 전의 나는.

배낭을 처음 멘 날 생각했다. 내가 사는 데 이렇게 많은 짐이 필요했던가?

결론 : 젠장, 무겁다. 젠장.

내게 정말 필요하지 않은 것들을 하나씩 제외해 나갔다. 잘 입지 않는 옷가지와 여행지에서 샀던 기념품, 혹은 한국에서 가져

온 음식이나 선물들까지도. 그렇게 가방을 정리하고 나니 배낭의 무게가 한결 가벼워졌다. 버려야 할 물건들로 작은 가방 하나가 가득 찼다. 그렇게 가득 찬 가방을 계속 들고 다닐 순 없다는 생각에 칠레, 안토파가스타에서 한 번 장사를 해보기로 했다.

호스텔에서 몰래 담요를 하나 챙겨 나와 사람이 가장 많은 광장으로 갔다. 슬슬 눈치를 보며 메인 광장 앞에 좌판을 폈다. 펴기가 무섭게 사람들이 몰려들었다. 안토파가스타는 볼 것이 많은 관광지도 아니고, 광산업이 발달한 도시이기 때문에 외국인이 많이 없다. 그래서인지 우리는 지나가던 칠레 사람들의 이목을 끌기에 충분했다. 페루에서 구입한 니트와 쿠바에서 산 체 게바라 베레모 하며, 추워서 입지도 못하는 여름옷, 그리고 카우치서핑 친구들에게 주려고 사간 한복 파우치까지 꺼내 진열했다.

순식간에 몰려든 사람들이 이것저것 스페인어로 물어보는데 정신이 없었다. 가격도 제대로 생각하지도 않아 입에서 나오는 대로 가격을 불러댔다. 그래도 한 아줌마가 내가 페루에서 산 스웨터가 마음에 드셨는지 5,000페소(한국 돈 약 10,000원)이라는 가격에도 바로 구매하셨다! 페루에서 25솔(약 7,000원) 주고 산 건데…. 좀 죄송한 마음도 들었지만 워낙에 정신이 없던 터라 다른 손님들에 집중했다. 한 칠레 아저씨가 체 게바라 베레모에 관심을 보이셔서 4,000페소에서 2,000페소까지 쿨한 디스카운트로 팔아버렸다.

그리고는 갑자기… 경찰이 다가왔다.

뭐, 예상하지 못한 바는 아니지만 허가증이 있냐고 물었다. 사실… 경찰이 하는 말을 다 이해했으나 이해하지 못하는 척했다. "Cómo? No entiendo nada." (네…? 뭐라고요? 무슨 말인지 하나도 모르겠어요.)라고 계속 말했지만, 우리가 좌판을 치울 때까지 경찰이 기다리는 바람에 결국 판을 접을 수밖에 없었다. 그리고 번 돈으로 맥도널드 아이스크림 콘 하나씩 사 먹으려고 기다리는데, 우리를 구경하던 한 칠레의 젊은이가 다가오더니 여기는 단속이 많아 힘들고 저~쪽 시장 쪽에 가면 단속이 덜하다고 했다. 그리고 내 친구가 팔던 한국 껌을 달라며 1,000페소(약 2천 원)에 사갔다. 그리고 우리는 그가 말한 시장 쪽으로 향했다.

다시 좌판을 펼쳤다. 심지어 옆 좌판 아줌마와 얘기도 하며…. 불법 노점상이 얼마나 힘든지 새삼 깨달았다. 아줌마는 가격을 묻더니, 너무 비싸다며 "너희는 장사를 모른다."라고 하셨다. 맞는 말인 듯했다. 왜냐면 우리는 그 이후로 하나도 팔지 못했으니까. 게다가 또 한 10분쯤 후, 다른 경찰들이 왔다. 이번에도 못 알아듣기 전법을 썼으나 옆 좌판 아줌마가 자기 허가증까지 꺼내어 보여주는 탓에 다시금 우리의 좌판을 접을 수밖에 없었다.

한 번 더 걸리면 진짜 경찰서에 끌려갈 것 같아 장사는 이만 접기로 하고, 동네 구경에 나섰다. 어쨌거나, 보조가방은 조금이

나마 수월해졌고 내가 지고 가야 할 무게가 줄었다는 사실에 행복해졌다.

내 등 뒤에, 내 삶에 필요한 모든 것이 있다는 사실은 나를 더욱 더 행복하게 만들었다.

I was amazed that what I needed to survive could be carried on my back. And, most surprising of all, that I could carry it.

– 영화 Wild 중에서

Tip

세상에서 가장 건조한 사막에 위치한 천문대

Paranal Observatory

유럽남방천문대(ESO)에서 운영하는 천문대 중 하나로, 높은 고도와 건조한 기후가 별을 보는 데 최적인 아타까마 사막에 위치한 천문대. 안토파가스타에서 약 120km 떨어진 파라날 산(Cerro Paranal)에 위치. 교통수단은 제공하지 않기 때문에 알아서 가야 한다. 대중교통 없음. 나와 내 친구는 히치하이킹으로 갈까 생각했지만, 그건 불가능했고 결국 천문대는 가지 못했다. 매주 토요일 10시와 14시에 투어가 있으며 웹사이트에서 사전에 신청을 해야만 방문이 가능하다. 투어는 영어와 스페인어로 진행.

투어 신청은 웹사이트에서만 가능 :

www.eso.org/public/about-eso/visitors/paranal

#네 번째 상념_
칠레 가정식, 까수엘라 전수받기

요즘 절찬리 방영 중인 집밥 백선생이란 프로그램을 보다 보니, 스페인 요리라며 까수엘라가 등장했다. 나는 까수엘라가 칠레 전통 요리인 줄로만 알고 있었는데, 역시나 오랜 식민의 역사 속에서 건너온 요리였나 보다. 그러나, 위키피디아에 따르면 Cazuela라는 단어는 스페인어의 뚝배기(냄비)에서 왔지만, 남미를 중심으로 하는 요리라고 한다. 그중에서도 칠레의 까수엘라가 가장 유명하고 페루에도 비슷한 요리가 있으며, 푸에르토 리코에서는 크리스마스에 먹는 파이를 까수엘라라고 한다.

칠레 사람들은 정말 정이 많다. 흔쾌히 자신의 공간을 공유해준 카우치서핑의 젊은 친구들과 히치하이킹으로 함께 칠레를 누볐던 멋쟁이 기사 아저씨들! 산티아고에서 비가 많이 오던 날, 친구의 차가 빠져 움직이지 못하자 지나가던 운전자들이 내려 함께 차를 밀어주기도 했었고, 지하철에서 갈 곳을 몰라 벙쪄있으면 먼저 다가와 도움을 주기도 했었다. 게다가 칠레에 머무는 동안, 친구의 어머니께서 산티아고에 볼일이 있어 오신다며 내가 좋아하는 까수엘라를 만들어주시겠다고 나를 초대해주셨다!

칠레 사람들에게 까수엘라는 '할머니의' 혹은 '엄마의' 까수엘라라고 말하는 따뜻한 음식이다. 나에게도 까수엘라는 그러했다. 그날은 히치하이킹이 잘되지 않아 오후 늦게야 커다란 트럭을 탈 수 있었다. 밤 12시가 넘어야 목적지에 도착할 수 있을 것 같다는 기사 아저씨의 말씀에 함께 식사를 하러 갔다. 허름한 가정식 식당의 오늘의 메뉴는 까수엘라였고, 아저씨는 이 까수엘라가 칠레 전통음식 중 최고라며 끝없는 자랑을 늘어놓으셨다. 역시나, 추운 날씨에 따뜻한 까수엘라 국물로 배를 채우니 살 것 같았다. 너무 맛있다며 행복해하는 우리를 보더니, 갑자기 아저씨는 밥 값을 계산해버리셨다. 차도 공짜로 타고 가는데 밥까지 얻어먹고, 너무 미안해하는 나에게 아저씨는 칠레에 온 것을 환영한다며 단 한 번의 윙크로 모든 것을 얼버무리셨다.

까수엘라는 닭고기나 쇠고기를 기본으로 만들며 그 외에 호박, 감자, 당근, 옥수수 등 각종 채소를 넣고 밥이나, 작은 파스타면(Cabello de ángel, 천사의 머리카락)을 잘게 부수어서 넣는다. 친구네 어머님이 가르쳐준 레시피가 좋았으나, 내 스페인어의 한계로 모두 알아듣지는 못하여 번역본으로 대체한다. 생각보다 만들기는 어렵지 않다. 자세한 레시피는 다음 페이지에!

칠레는 나름 남미에서 고유의 전통음식을 많이 가진 나라이다. 사실 쿠바나 에콰도르 등을 여행할 때는 딱히 전통음식이랄 것이 없었다. (크리올 음식 외에는) 어쨌거나 칠레 또한 식민의 역사로 인해 스페인의 영향을 매우 많이 받았다. 그래도 까수엘라와 같이 그 나름의 문화를 가지고 있다. 하나 더! 내가 좋아했던 칠레 전통음식 중 하나는 포로토(Poroto)였다. 콩을 불려서 각종 채소 그리고 파스타와 끓여먹는 음식인데 부대찌개와 비슷한 느낌이다. 아옌데 대통령이 죽고 칠레가 너무나 가난하던 시절, 끼니를 잇기 어려운 사람들이 적은 양으로 배불리 먹기 위해서 이 포로토 요리를 많이 먹었다고 한다. 말하자면 우리나라 보릿고개 음식인 셈이다.

사실 다른 나라에서는 항상 호스텔에 머물며 젊은 친구들하고만 어울렸다. 그래서인지 그 나라의 어른들을 뵙고 이야기를 들을 기회가 없었다. 그런데 칠레에서는 히치하이킹을 하며 트럭 아저씨들과 이야기하고, 함께 칠레 음식을 요리하기도 하고, 어른들과 함께 해서인지 칠레에 대한 따뜻함이 더 많이 남나 보다. 나의 부족한 스페인어로 완벽한 의사소통이 되지 않았음에도 불구하고, 그 마음과 미소만으로도 따뜻한 시간이었다. 너무도 추웠지만, 따뜻한 사람들이 사는 나라. 칠레. 그립다.

Tip

칠레 가정식 까수엘라 레시피

준비물

닭 4조각, 감자 4조각, 호박 4조각 (약 3 x 3cm), 옥수수 2조각, 당근, 쌀 반컵, 오레가노, 소금, 고수

요리법

1. 닭을 깨끗하게 씻고 적당한 크기로 잘라 냄비에 끓인다.

Tip. 껍데기가 국물을 내니 버리지 말라는 어머님 말씀!

2. 감자, 호박, 옥수수, 당근 등을 적당한 크기로 썰어 닭이 익고 국물이 우러날 때쯤 넣어 준다.

3. 콩, 고추, 양파, 고수 등도 넣고 끓여준다.

4. 오레가노와 소금으로 간을 하고, 약간의 물을 추가한다.

5. 푹 끓인다.

6. 쌀이나 파스타를 넣어 끓인 후, 서브한다.

#다섯 번째 상념_
양파에 바치는 송가, 그리고 인연

파블로 네루다의 시집을 읽으면서, 칠레 산티아고로 향하는 내내 마음이 설레었다. 그러다 우연히 한 칠레 친구를 알게 되었다. 산티아고에서 그를 만나 함께 이슬라 네그라로 향했다. 이슬라 네그라로 향하는 버스에서 우리는 조잘조잘 대화를 나누었다.

나 : 파블로 네루다 잘 알아? 칠레 사람이니까 잘 알겠지?

J : 아니, 난 국어 교과서에서만 네루다 시를 봤어. 칠레 사람들은 네루다보다는 가브리엘라 미스트랄을 더 좋아해.

나 : 그래도 네루다 시는 배웠겠네. 어떤 시를 가장 좋아해?

J : 양파 알지? 국어책에서 양파라는 시를 배웠어. 양파에 바치는 송가.

나 : 우와. 양파? 양파에 대한 시라고?

J : 응, 나중에 꼭 확인해봐. 좋아할 거야.

그렇게 우리는 함께 이슬라 네그라에 도착했고 네루다의 집을 방문했다. 탐미(耽美) 주의자였던 만큼 그의 집 또한 아름다운 것들로 범벅이 되어 소름이 끼칠 정도였다. 그러고 나서 나는 네루다의 시를 찾아보았다. 하잘것없는 양파가 아름답게 느껴지도록 만드는 시어의 마법.

낭만적인 마을, 이슬라 네그라에서 나는 그렇게 스쳐가는 인연을 붙잡고 싶어졌다.

Tip

파블로 네루다의 생가 찾아가기

이슬라 네그라

이슬라 네그라는 산티아고 근교 바닷가에 위치한 작은 마을이다. 볼 것이라고는 네루다의 집과 해변밖에 없지만 그것만으로도 충분한 곳. 아침마다 눈부시게 부서지는 햇살과 파도를 만끽했을 네루다를 상상해 볼 수 있다. 탐미주의자답게 여기저기에서 모은 아름다운 장식품들로 집 내부가 가득 차 있다.

발파라이소

발파라이소는 산티아고에서 약 2시간 정도 버스를 타고 갈 수 있는 곳에 위치한 항구도시이다. 알록달록 그라피티로 채워진 발파라이소는 관광으로 유명한 도시로 산티아고 터미널에서 버스를 타면 한

번에 갈 수 있다. 그중에서도 네루다의 집은 도시 꼭대기에 위치하고 있기 때문에 걸어간다면 시간이 좀 걸린다. 단단히 각오하고 가도록.

산티아고

산티아고 시내, 산크리스토발 언덕으로 가는 길에 파블로 네루다의 집이 있다. 시내에서 가장 쉽게 갈 수 있는 곳이어서 사람들의 발길이 가장 많이 닿는 곳. 네루다가 살았던 집과 그의 작품들이 전시되어 있다. 이슬라 네그라의 집보다는 작지만 근교까지 갈 시간이 없다면 들러보는 것도 좋다.

#토레스 델 파이네

두 번째 공간, 볼리비아

"Travel and change of place impart new vigor to the mind."

- Seneca

#여섯 번째 상념_
그 풍요가, 사람들을 행복하게 만들었을까?

나를 볼리비아의 포토시 Potosi로 이끌었던 것은 '포토시'라는 그림 때문이었다. 에콰도르의 국민 화가라 불리는 과야사민(Oswaldo Guayasamin, 1919~1999)의 미술관에서였다. 천장 가득 메운 그의 그림은 무섭다 못해 사뭇 섬뜩했다. 단테가 그린 지옥도 이보다는 나았으리라. 그런데, 이상하게도 쉽사리 그 그림에서 발길을 뗄 수가 없었다. 그 웅장함에서 느껴지는 슬픔과 상실. 그때까지만 해도 나는 포토시가 어디에 붙어있는지, 어떤 역사를 가지고 있는지 알지 못했다. 그렇지만 그 그림을 보고 난 이후, 볼리비아에 가면 우유니는 몰라도 여기는 꼭 가야겠다는 생각이 들었다.

포토시는 볼리비아의 한 도시로 그 높이가 무려 해발 4,090m에 이른다. 풍요롭던 포토시는 1546년 광산촌이 세워지고 엄청난 부를 창출한다. 그러나 그 부가, 풍요가, 사람들을 행복하게 만들었을까?

공식 기록에 따르면 1556년에서 1783년 사이 세로리코 Cerro Rico에서 채굴한 순은이 45,000톤에 이른다고 한다. 이 은을 만들기 위해 수천 명의 원주민이 죽었다. 가혹한 노동과 수은 중독 때문이었다. 원주민들이 죽자 모자란 노동력을 채우기 위해 약 30,000명의 아프리카 노예가 포토시로 끌려왔다. 이들은 스페인으로 보낼 은화를 만드는 조폐국 Casa de la Moneda에서 인간 노새로 일했다. 노새 4마리가 쉼 없이 돌려야 하는 은 압착 기계를 스무 명의 아프리카 노예들이 죽어가며 돌렸던 것이다. 왜냐면 노새는 너무 빨리 죽었기 때문이다.

포토시는 볼리비아 라파스보다 훨씬 추웠다. 해발고도가 높아서일까? 조금만 걸어도 헉헉대며 숨이 찬다. 힘들게 언덕을 올라 깎고 깎아서 70 볼 (한화 약 10,000원)에 신청한 투어를 간다. 우선 여행사에 도착해서 장화를 신고, 옷을 입고 마지막으로 헤드랜턴까지 착용을 하고 나니 진짜 광산 안에 들어가는구나, 실감이 났다. 갑자기 겁이 났다. 단지 이 광산 안의 인생이 보고 싶어 여기까지 왔는데 들어가고 싶지가 않았다. 무서웠다. 들어가지 말까…. 고민하고 있는데 우리를 태운 승합차는 어느새 광산 입구에 도착했다. 도착하니 볼리비아 대가족이 함께 투어를 가기 위해 우리를 기다리고 있었다. 마침 그때는 볼리비아의 휴가 기간이었다. 조그만 아이들도 함께 광산에 들어간다고 하니 조금 안심이 되어 들어가기로 했다.

익숙하지 않은 헤드 랜턴이 자꾸만 미끄러졌다. 헤드 랜턴이 미끄러지면 정말 아무것도 보이지 않는다. 덥고, 습하고, 답답하고…. 신경이 날카로워졌다. 앞사람 뒤꽁무니를 따라가느라 정신이 없었다. 우선 광부들이 그 안에서 안전을 기원하며 치르는 의식을 보았다. 그리고 광산 안을 한 바퀴 돌며 그들이 일하는 모습과 은맥 등을 '구경'했다. 광부들을 만나면 인사를 하고 관광객이 미리 사 온 알코올과 코카잎을 선물한다. 그들의 98%는 알코올을 마시고 코카잎을 씹는다. 사실, 나는 조금 두려웠다. 그곳에서 일하는 사람들의 소위 말하는 '막장 인생'을 구경하고 그 대가로 겨우 1-2천 원짜리 술과 코카잎을 주는 행위에 그들이 기분 나빠할까 봐. 그런데 오히려 그들은 캄캄한 그곳에서 하얀 이를 드러내며 환히 웃었다. 고맙다며. 기분이 이상했다. 분명 나보다 어린 청년들이었는데, 그 캄캄한 곳에서 하루 종일 무거운 돌들을 옮기며 목숨을 담보로 일하는 그들, 그리고 그들을 구경하는 나….

내가 포토시 광산에서 보고 싶었던 것은 무엇이었을까? 광산 투어를 하는 내내, 나는 그들의 삶을 '구경'하러 온 느낌이 들었다. 알 수 없는 죄책감이 자꾸만 나를 잡아끌었다. 나와는 다른 삶. '구경'한다는 것이 어쩐지 무례하다는 생각이 들었다. 마치 TV 브라운관 안의 장면처럼 나와는 상관없는 삶을 '구경'하는 것…. TV는 그냥 꺼버리면 된다. 그렇지만 이렇게 직접 보고 겪으면, 더 이상 그 기억을 꺼버릴 수가 없다. 동시대를 살아가는 사람으로서 우리에게는 아무 잘못이 없을까?

광산 안에서 약 한 시간을 보내고 났더니 그 탁한 공기와 캄캄함에서 벗어나고 싶었다. 함께한 볼리비아 가족의 아이 아빠는 얼마나 더 머물 거냐며 빨리 나가자고 가이드를 재촉했다. 겨우 한 시간이었을 뿐인데, 게다가 우린 마스크라도 하고 있었는데…. 그곳에서 마스크도 없이 몇 시간씩, 혹은 몇십 년을 살아가는 사람들은 어떨까. 답답함과 무거운 마음을 얻고 나서야 광산에서 나올 수 있었다.

Tip
은광 노예의 흔적을 볼 수 있는 곳

포토시 세로리코 광산투어

포토시에 위치한 대부분의 투어 업체에서 예약 가능하다. 투어비는 약 10달러. 투어를 가기 전 작은 가게에 들러 광부들을 위한 알코올과 코카잎을 사 간다. 노란 작업복과 헬멧을 꼭 착용하고 광산에 입장해야 한다.

키토 과야사민 기념관

에콰도르의 국민 화가, 과야사민의 작품을 볼 수 있는 기념관. 키토에 위치해있다.

주소 : Fundación Guayasamín, E18-94 y Barrio, Mariano Calvache, Quito 170122, Ecuador

#일곱 번째 상념_
달과 아빠

철학자의 여행법에서 미셸 옹프레는 말했다.

– 우리가 일상에서 벗어나 여행을 하게 되면 오감이 열리고 아름다운 것들을 보고 듣고 느낄 수 있게 된다.

볼리비아 오루로로 가는 버스 안에서의 노을이 너무 아름다워서였을까? 갑자기 내 기억의 비밀 창고가 열려버렸다. 반짝반짝한 기억들, 내 무의식 깊숙이 박혀있던 그 기억이 왜 그제야 떠올랐는지 알 수 없지만 세상의 아름다운 것들과 빛나는 기억은 한 통속이기 때문이 아닐까.

지금은 생사도 모르는 아빠에 대한 기억이 지구 반대편 볼리비아에서 불쑥 나타날 줄이야. 모든 것이 너무도 아름답고 반짝거려 눈물이 날 것 같았다. 듣고 있는 음악도 아름답고, 차창 밖의 노을도 아름답고, 내 기억도 반짝반짝.

아빠라는 사람에 대한 나의 기억은 모순에서 시작된다. 먼지 쌓인 앨범 사진 속 다정했던 아빠와, 지금의 남보다 못한 한 사람. 페루와 볼리비아를 여행하면서 참 많은 버스를 탔다. 밤 버스를 타면서 셀 수 없는 별들과 달을 보았다. 그 달을 보면, 이상하게도 항상 아빠에 대한 기억의 파편들이 수면 위로 떠올랐다.

그중 한 조각은 아빠의 작은 택시 안에, 행복한 우리 네 가족이 함께 타 있던 밤이었다. 7살쯤이었을까. 아빠가 운전하는 택시 안에서 바라본 밤하늘의 달이, 자꾸만 나를 따라왔다. 우리는 행복했고, 나는 아빠에게 물었다.

"아빠, 왜 자꾸만 달이 따라와?"

아빠는 달님이 나를 지켜주는 거라고 했다.

아빠에 대한 기억을 꺼내는 일은 언제나 고통스럽다. 프로이트 아저씨가 말한 저- 깊고 깊은 빙하 아래 있는 창고에, 나는 아빠에 대한 기억들을 숨겨두었다. 자꾸 보이면 아프니까.

그런데도 이상하게 달이 나를 따라오는 날이면, 어김없이 아빠가 생각났다.

Tip

풍경이 아름다운 남미의 버스 구간

남미에는 극악무도하게 긴 장시간 버스 구간이 많다.

비행기를 타는 것도 방법이지만, 아름다운 차창 밖 풍경을 보며 이동하는 것도 여행을 즐기는 방법 중 하나다. 그중에서 필자가 추천하는 코스는 푸에르토 몬트에서 바릴로체로 넘어가는 국경 버스다. 바릴로체로 넘어가는 국경 근처에는 아름다운 은빛 나무들이 숲을 지어서 있다. 그 아름다움에 취해 가다 보면 어느새 바릴로체에 도착한다. 또 하나, 소문이 자자한 우유니 버스를 밤에 타는 것! 버스 차창 밖으로 보이는 별들이 얼마나 아름다운지 잠을 설칠 정도이다.

#여덟 번째 상념_
여행과 글쓰기, 그리고 치유

얼마 전 같은 그룹사의 퇴사 동기를 만났다. A는 나와 참 많이 다르지만, 한편으론 비슷한 점도 많은데 문학을 좋아한다는 점이 그러했다. 파블로 네루다를 좋아하는 A와 어느새 아르헨티나의 작가 호르헤 보르헤스의 이야기까지 건너가고야 말았다. 그러다, 내가 왜 여행에서 -일기가 아닌- 글을 쓰기 시작했는지가 떠올랐다.

볼리비아 우유니 소금 사막에서 밤새 별을 보고 돌아온 아침, 추워서인지 너무 피곤해서인지 잠을 이루지 못하다 호스텔 옥상에 올라가 책을 읽기 시작했다. 안데스산맥의 추운 날씨가 나로 하여금 호스텔 지붕 위의 따뜻한 햇살을 그리워하게 만들었고 따뜻한 햇살은 호르헤 보르헤스의 칠일 밤을, 그리고 그중 네 번째 밤은 나로 하여금 글을 써 내려가게 만들었다.

어릴 적 종종 글쓰기 대회에서 상을 타면서 나는 내가 굉장히 글을 잘 쓰는 줄로만 알았다. 촌 동네에서 글 좀 쓴다는 나는 읍내에서 열리는 백일장에 나갔다. 나는 그저 쓰고 싶은 대로 살아있는 우리 할머니를 -상상 속에서- 돌아가시게 만든 후, 그 무덤 위에 비가 내리게 했다. 그리고 나는 무려 강원도 교육감 장원을 받았다. 지금도 기억나는 건, 내가 장원을 받았다는 사실이 너무나 부끄러웠다는 것이다. 왜냐면 그것은 거짓말이었기 때문이다. 엄마는 내게 거짓으로 글을 써서 1등을 했다며 나를 놀려댔다. 덩치만 컸지 아직 작은 아이였던 나는 너무 부끄러웠다. 물론 그것은 글짓기이므로 없는 사실을 지어내도 전혀 문제가 없다. 그러나 그 후, 나는 그저 모범적인 어린이가 되었고, 평범한 학창 시절을 지나 서울에 있는 대학교에, 그리고 남들이 알아주는 대기업에 입사하였다.

지겨운 점심시간, 부장님 말씀은 듣는 둥 마는 둥 하며 스마트폰을 본다. 김영하 작가의 인터뷰를 읽었다. 어린이의 거짓말은 곧, 스토리텔링의 시작이란다. 그 얘기를 듣는 순간 머리를 한 대 맞은 것 같은 생각이 들었다. 12살의 내가 떠올랐다. 만약 그때 엄마가 나의 거짓말을 좀 더 장려했으면 어땠을까? 대기업에 입사해서 방황하기보다는 작가가 되어있었을까? 오히려 굶어 죽었을까? 등단 작가가 굶어 죽는 이 마당에, 어쩌면 우리 엄마가 옳았는지도 모른다.

자, 그래서 무슨 얘기가 하고 싶은 거냐고?

그저 나에게 글쓰기가 이런 의미가 있다는 걸 스스로에게 이야기하고 싶었다. 일상을 살아내면서 문득 '하나뿐인 내 인생에게

나, 잘 하고 있는 걸까?'라는 의문이 들 때마다 글을 썼다. 회사 생활이 힘들고, 머릿속이 하얘질 때는 이를 악물고 글을 쓰고, 읽고 또 읽었다. 그때 나의 글쓰기는 세상에 매몰되지 않기 위한 나의 마지막 저항법이었다.

지금의 나에게 글쓰기는 자기치유의 과정이다. 그런데, 언제부터일까. 혼자서 끄적거리던 글을 많은 사람들이 보기 시작하고, 주위 사람들에게 알려지면서 내가 왜 글을 쓰는지에 대해 잊었다. 어느새 글쓰기가 또 하나의 부담이 되어 버렸달까.

이제 다시, 나를 치유하기 위하여 글을 써야겠다.

Tip
남미 문학을 이끄는 작가들

호르헤 루이스 보르헤스

라틴아메리카 문학은 보르헤스 전후로 나뉜다고 할 수 있을 정도로 위대한 작가. 눈이 멀어가는데도 불구하고 여러 작품을 남겼으며 아르헨티나 국립 도서관장을 역임했다. 움베르토 에코의 『장미의 이름』에 나온 호르헤 수사의 실제 모델.

이사벨 아옌데

아옌데 대통령의 오촌 조카. 아옌데가 죽고 피노체트의 독재가 시작되자 망명 후 소설을 썼다. 대표작은 『영혼의 집』이라는 장편 소설.

가브리엘 가르시아 마르케스

노벨 문학상 수상자. 마술적 사실주의를 대표하는 작가다. 문학을 몰라도 한 번쯤 들어봤을 법한 『백 년의 고독』을 지은 사람.

파블로 네루다

한국 사람들에게 가장 많이 알려진 시인. 『스무 편의 사랑 시와 한 편의 절망 시』라는 시집은 한국에서도 꽤나 인기를 끌었다. 칠레에서는 민중시인에 가까웠고 현실 정치에도 많이 참여했던 사람. '일 포스티노'라는 영화의 실제 모델.

가브리엘라 미스트랄

파블로 네루다의 스승. 실제로 칠레에서는 네루다보다 가브리엘라 미스트랄을 더 좋아하는 사람들이 많다. 아이들과 약자들을 위한 시와 글을 많이 썼다.

파울로 코엘료

브라질의 신비주의 작가. 『연금술사』, 『11분』 등 세계적인 베스트셀러를 많이 썼다. 리우에서 태어났으며 유명 가수들의 노랫말을 쓰기도 했다.

#아홉 번째 상념_

세상에서 가장 슬픈 야경, 엘알토

볼리비아 라파스에 가면 항상 사람들을 데리고 가는 곳이 있다. 해가 진 뒤, 깜깜한 낄리낄리 전망대. 강도가 많이 나온다고 해서 혼자는 절대 안 되고 함께 온 일행이 많을 때만 가는 곳. 그날도 어김없이 저녁 8시쯤 택시를 타고 낄리낄리 전망대로 향했다. 나이가 지긋하신 어른들과 함께 했던 여행이었다.

라파스의 야경은 남미를 여행하는 사람들에게 꽤나 유명하다. 세계에서 고도가 가장 높은 수도인 만큼 숨쉬기가 힘든 곳이 라파스이다. 그래서인지 잘 사는 사람들은 비교적 고도가 낮은 곳에, 가난한 이들은 고도가 더 높은 곳에 산다. 자본주의의 당연

한 이치라고 생각했을까? 나는 그 불빛에 대해 하등의 감정을 느낀 적이 없었다.

그런데 그날은, 한 아주머니께서 내게 말씀하셨다. 이곳의 야경은 세상에서 가장 슬픈 야경이라고. 그 순간 머리를 망치로 맞은 것 같은 기분이 들었다. 남미를 사랑하고, 이곳의 사람들을 사랑한다고 말하는 내가, 한 번도 그런 감정을 느껴보지 못했다는 생각이 스쳤다. 점점이 빛나는 그 작은 불빛 하나하나가 가난한 집의 불빛 하나인데, 우리는 그 가난한 자들의 슬픈 빛을 고급 호텔에 머물며 아름답다고 구경하러 왔으니 말이다.

그동안 아름답다고만 생각했던 라파스의 야경이 슬프게 느껴졌다.

Tip
볼리비아 라파스 치안

라파스는 치안이 좋지 않기로 유명한 도시다. 강도는 물론이거니와 경찰복을 입고 위장을 해서 접근하기도 한다. 시내에서도 혼자 다니는 것보다는 일행을 이루어서 다니는 것이 좋으며, 앞에서 얘기한 낄리낄리 전망대의 경우 절대로 혼자 가지 말 것. 인적이 드문 곳도 마찬가지.

#열 번째 상념_
바다 없는 나라의 해군

볼리비아에는 바다가 없다. 그렇지만 해군은 있다. 바다가 없음에도 불구하고 해군이 있는 이유는 그들의 굴곡진 역사에서 시작된다. 한때는 볼리비아도 바다를 갖고 있었다. 하지만 1883년 태평양 전쟁에서 패한 뒤, 바다를 잃었다. 태평양 전쟁은 1879년부터 1883년까지 약 4년간에 걸쳐 칠레와 페루, 그리고 볼리비아 3국 간에 일어난 전쟁이다. 전쟁의 가장 큰 이유는 자원 때문이었다. 이 전쟁의 결과로 볼리비아는 약 12만㎢의 영토와 약 400㎞의 태평양 연안을 잃었다.

페루에서 볼리비아로 국경을 넘을 때면 항상 티티카카 호수를 지난다. 해발 3,800m에 위치한 바로 이 호수에 볼리비아의 해군 본부가 위치하고 있다. 호수에서 훈련받은 볼리비아 해군은 170여 척의 함정을 보유하고 있으며 병력은 4,500여 명에 이른다.

매년 3월 23일은 바다의 날(El Día del Mar)이라는 볼리비아의 기념일이다. 어떻게든 바다를 되찾고자 노력하는 볼리비아 정부의 모습이 안타깝다. 볼리비아의 슬픈 민낯을 마주할 때면 언제나 마음이 짠하다.

안타까운 그들의 현실이 광활하고 아름다운 볼리비아의 대자연에 비해 너무나 초라해서.

Tip

티티카카 호수를 건너 국경 넘기

페루와 볼리비아 국경을 넘을 때는 보통 융구요-카사니에 위치한 국경을 이용한다. 다른 국경도 있지만 여행자들이 가장 많이 이용하는 곳은 이곳이다. 카사니를 통해 가면 코파카바나로 바로 연결이 되기 때문. 코파카바나를 지나 한 시간쯤 달리면 띠끼나 항구에 도착한다. 굳이 호수를 건너가는 이유는 차를 타고 돌아가는 것보다 이곳으로 배를 타고 이동하는 거리가 훨씬 짧기 때문이다. 대부분 버스가 이 길을 지나가기 때문에 버스를 이용해 국경을 넘는 여행자라면, 버스에서 내려 사람은 사람대로 버스는 버스대로 따로 배를 타고 호수를 건너는 진풍경을 볼 수 있다.

세 번째 공간, 쿠바

"Wherever you go, go with all your heart."

- Confucius

#열한 번째 상념_

쿠바의 남자들

얼마 전, 쿠바와 미국의 국교가 정상화되었다. 국교 단절 이후 54년 만이다. 나는 칠레에서 저녁을 먹다가 말레콘에 성조기가 올라가는 모습의 뉴스를 보았다. 기분이 이상했다. 더이상 내가 보았던 그 쿠바가 아닌 걸까? 심지어 지난 4월 미국 리서치 업체가 쿠바 사람들을 대상으로 실시한 여론조사에서 오바마 대통령에 대한 긍정적 답변은 80%에 달했지만, 피델 카스트로에 대한 긍정적 답변은 44%에 그쳤다고 한다. 내가 만난 쿠바 친구들 또한 혁명 정부에 대해 회의적인 생각을 가지고 있기도 했다. 그들은 이미 빌보드 음악을 듣고, 미국 브랜드를 좋아하고 있었다.(2015년) 물론 다 짝퉁이지만. 어쨌거나 오바마가 국교 정상화에 대해 언급하기 전부터, 아바나는 전 세계에서 몰려든 관광객으로 이미 자본주의와 비슷한 양태를 띠기 시작했다고 본다. 그렇지만 이제 본격적으로 미국과의 교역이 시작되면 쿠바는 어떻게 변할지 모른다. 사실, 쿠바의 경제체제가 특이하고 대부분의 사람들이 가난한 것은 사실이다. 그러나 남미 여행을 하며 보았던 가난한 나라들과는 그 분위기가 확연히 달랐다. 가난하지만 살 만했다. 최소한 길거리에서 잠을 자는 사람이나 먹을 것이 없어 구걸하는 사람은 없었다.

약 두 달간의 쿠바 여행을 끝내고, 남미로 가는 비행기를 타기 위해 아바나로 돌아왔다. 여행에서 사귄 친구의 사촌이 아바나 근교에서 초등학교 선생님으로 일한다길래 함께 식사를 하기로 했다. 사촌이 일하는 학교로 가는 길에 망고가 주렁주렁 열렸길래 아! 망고 맛있겠다! 나도 모르게 감탄했더니, 그럼 망고를 사 주겠단다. 그런데, 상점이 아니고 가정집 문을 두드린다. 집 마당에서 따놓은 망고를 판매하는 것이다. 4개에 200원. 외국인이 개입하는 순간 모든 것의 가격이 올라가지만, 내국인 사이에서 통용되는 물가는 상상 이상으로 낮다. 쿠바인들의 생존 방식은 이런 식이다. 만약 우리처럼 슈퍼마켓에서 대기업이 유통하는 물건을 구입하고 산다면 한 달 월급이 약 20불인 그네들로서는 절대 살아갈 수가 없다. 대신 집집마다 주력 상품을 만들어 싼 가격에 사고판다. 내 친구는 집에서 키우는 닭이 낳은 계란을 팔았고, 옆집에서는 직접 만든 소시지를, 커피 공장에 다니는 뒷집 아저씨는 커피를, 건너편 이웃은 쌀을 팔았다. 소위 말하는 생산-소비 공동체가 이미 정착되었고 또 매우 효율적으로 유지되고 있는 것이다. 그렇기에 20불의 월급으로도 나쁘지 않은 생활수준이 유지될 수 있는 것 같았다.

어쨌거나, 사촌과 내국인들이 자주 가는 식당에 갔다. 밥 그리고 고기반찬, 콩죽 등 쿠바 특유의 크리올 음식이 한 끼에 약 1

USD 정도 한다. 초등학교 선생님으로 일하는 그 친구 또한 한 달에 약 20 USD(20 CUC)의 월급을 받고 일한다고 한다. 밥을 먹다 말고 갑자기 내게 한국에서는 보통 한 달 월급이 얼마냐고 묻는다. 내 월급을 얘기했다간 놀라 자빠질 것 같아 조금 줄여 말한다. '100만 원쯤…?' 많이 줄인다고 줄였는데, 너무 깜짝 놀라는 눈치다. 그럼 한국까지 가는 비행기 표는 얼마냐고 묻길래, '150만 원쯤…?' 이라고 했더니 갑자기 한국에 가고 싶다며 떼를 쓴다. 나보고 데려가라며…. '마음 같아선 다 데려가고 싶지만 나도 가난해 얘들아….'라는 말이 목 끝까지 올라왔지만, 내가 가난하다니, 이 친구들에게 할 말이 아닌 것 같아 참는다. 한 달에 20 USD를 버는 이에게, 약 1,000 USD라는 금액은 아마 우리에게 '억' 정도의 느낌이 아닐까 예상해본다. 그렇게, 넘어가지도 않는 밥을 꾸역꾸역 먹고는 다시 숙소로 돌아왔다.

내가 머문 숙소는 하루에 25 USD였다.

Tip

이해 안 가는 쿠바의 환율 이해하기!

쿠바는 특이하게 내국인과 외국인이 사용하는 화폐의 단위 자체가 다르다. 내국인은 CUP이라고 하는 화폐 단위를 사용하며 쿱 혹은 모네다라고 말한다. 반면 외국인은 CUC (쿡)이라는 화폐를 사용한다. 현재 환율은 1 USD = 0.9997 CUC이며 간단하게는 1천 원 = 1 USD = 1 CUC (외국인 전용 화폐) = 25 CUP (내국인 전용 화폐)로 생각하면 쉽다. 모네다를 사용하면 확실히 저렴한 쿠바 물가를 즐길 수 있다. 하지만 스페인어를 구사하지 못한다면 사용하기 힘든 편이다.

#열두 번째 상념_

쿠바에서는 시간도 춤을 춘다

만약 우리들이 사랑한다면, 시간은 죽지 않는다.

언제였을까. 밤늦게 채널을 돌리다 보니 KBS1에서 다큐를 방송하고 있었다. 잠시 리모컨의 움직임을 멈추고는 브라운관 안의 낯설지만 익숙한 동양인의 모습을 보았다. 쿠바에 살고 있는 한인들의 이야기였다. 쿠바에 한인이 있다는 이야기를 들은 적이 있는가? 처음이었다. 살면서 언젠가 한 번쯤은 가보고 싶었던 나라, 쿠바.

1905년, 조선 황성신문에 멕시코에서 4년 동안 일할 농부를 구한다는 광고가 실렸다. 약 천여 명의 조선인이 제물포항으로 모였고, 그렇게 그들은 멕시코의 유카탄반도에 내려졌다. 몇 년만 고생하면 큰돈을 벌어 조선으로 돌아갈 수 있다고 했다. 그러나, 그것은 사실이 아니었다. 그중 300여 명의 사람들은 다시 배를 타고 쿠바로 향했다.

영화는 그렇게 쿠바에 남겨진 한인들의 후손이 살고 있는 모습을 담담히 따라간다. 중국인에게 팔려갔다 도망쳐 나와 배에 실린 상자에 숨어 쿠바로 온 '상자의 여자'. 네 번째 아내와 행복한 삶을 살고 계시는 쿠바의 음악가 세실리오 아저씨. 국립 발레단에서 발레리나로 활동하는 디아나. 그리고 그 먼 곳에서까지 상해 임시정부에 독립자금을 지원했던 분들과 체 게바라의 혁명에 동참했던 한인의 후손들까지….

그러나 나는 이 영화를 쿠바의 한인들에 대한 영화라기보다는, '뜨거운 사랑'에 대한 다큐멘터리 영화라고 말하고 싶다. 백발의 할머니가 남편의 오래된 편지, 꾹꾹 눌러쓴 그 러브레터를 읽으시며 눈물짓는 모습이며, 할아버지가 할머니에게 직접 쓴 시 –"시간이 죽지 않는 삶은 멋진 것입니다. 항상 문이 있기에, 사랑만이 채울 수 있는 문이 있기에."– 를 읊어주시던 모습. 평균의 한국 사람들보다 훨씬 많은 사랑을 가지고 뜨거운 삶을 사는 사람들.

하나둘 쿠바 친구가 생기면서 문득, 사람은 태어날 때부터 사랑의 씨앗 같은 것을 갖고 태어나지 않을까 하는 생각이 들었다. 태어날 때부터 그들은 나보다 훨씬 더 많은 사랑의 씨앗을 갖고 태어난 것처럼 느껴졌기 때문이다. 그런 내가 초라하게 느껴질 정도로.

> 시간이 죽지 않는 삶은, 멋진 것입니다.
> – 영화 '시간의 춤' 중에서

Tip

쿠바 여행 전, 꼭 봐야 할 영화

부에나 비스타 소셜클럽 (1999)

'빔 벤더스' 감독과 프로듀서 '라이 쿠더'가 힘을 합쳐 쿠바 음악의 부활을 만들어낸 영화. 라이 쿠더는 쿠바로 건너가 숨어있던 쿠바의 실력파 뮤지션들을 찾아낸다. 그렇게 찾아낸 쿠바 뮤지션들과 단 6일 만에 녹음을 끝내는 과정을 담은 다큐멘터리 영화. 이후 그들의 음악은 그래미 수상, 빌보드 차트 1위 그리고 카네기 홀에서의 공연까지. 그야말로 전 세계적인 쿠바 음악 신드롬을 만들어내었다. 재즈를 좋아하는 사람이라면 무조건 봐야 하는 영화.

시간의 춤 (2009)

100년 전 제물포항을 떠나, 멕시코를 거쳐 쿠바에 도착한 300명의 조선인들. 현재까지 이어진 그들의 삶을 아름다운 춤과 버무려낸 다큐멘터리. 쿠바의 음악과 춤, 그리고 그곳에 뿌리내린 코레아노(한국인)들의 모습을 볼 수 있다. 쿠바의 낭만적이고 이국적인 모습과 친숙한 한국인의 모습이 낯설면서도 가슴이 저릿하다.

치코와 리타 (2010)

쿠바 아바나를 배경으로 한 스페인의 애니메이션 영화로 2010 제천 국제 음악영화제에 출품되었던 영화. 쿠바와 뉴욕 등을 오가며, 천재 피아니스트 치코와 아름다운 목소리의 가수 리타의 사랑 이야기를 다룬다. 투박한 애니메이션과 아름다운 재즈 음악이 묘하게 어우러진다. 재즈를 좋아하는 사람이라면 200% 추천하는 영화.

#열세 번째 상념_ 쿠바 아바나 클럽 탐방기 #Fabrica de Arte

카우치서핑 호스트였던 시난과 그의 여자친구 카밀라가 아바나 최고의 클럽을 소개해주겠단다. 그 이름은 Factory. 음? 공장? 클럽 이름이 공장이라고? 영어로는 그렇고 현지 이름은 “Fabrica de Arte” 우리말로 하면 예술공장 되시겠다. 공산주의 국가라 클럽도 공장인가…. (비하 아님, 저는 쿠바를 사랑합니다.)

어쨌거나 ‘쿠바의 클럽이 뭐 얼마나 재밌겠어?’ 별로 기대도 안 하고 시난의 차를 타고 간다. 그런데 웬걸! 무슨 동네 외곽에 있을 법한 허름한 공장 앞에 어마어마한 수의 젊은이들이 줄을 서 있다. 게다가 인원수를 제한하기 때문에 퇴장하는 사람이 있어야만 입장이 가능하다고 한다. 다행히 기타를 전공하는 카밀라의 인맥 덕에 줄도 서지 않고 바로 입장!

클럽 안은 정말로, 예상 밖이었다. 나름(?) 서울에서 클럽 좀 다녀봤다고 자부하는 나였지만 이곳은 클럽이라기보다는 말 그대로 “예술공장”이었다. 실제로 본래 카놀라유 공장으로 쓰였던 이곳은 완전하게 리모델링되어 서울의 청담동, 아니 뉴욕 어딘가의 갤러리라고 해도 믿을 정도였다. 곳곳에 남아있는 공장의 오래된 느낌을 살린 인더스트리얼 인테리어와 공존하는 모던함이

란! 쿠바를 떠올리면 항상 모든 것이 오래되고, 낡아있다고 생각했던 내게 이곳은 신선한 충격이었다.

1층 공연장에서는 영국에서 온 밴드의 공연이 이루어지고 있었고, 한쪽에는 다양한 형식의 작품이 전시되어 있는 갤러리, 그리고 다른 한쪽에서는 신나는 음악에 춤을 추는 사람들. 2층으로 올라가니 한편에서는 프로젝터로 영화를 상영하고 있고, 다른 한편에서는 지붕이 뻥 뚫린 옥상정원에 칵테일 바가 있다.

뜨거운 쿠바의 밤을 통과하기 위해 얼음과 라임으로 가득한 다이키리 Daiquiri를 한 잔 주문한다. 짙은 푸른색 하늘에 떠있는 별이 나를 바라본다. 푹신한 소파에 앉아 다이키리를 홀짝이며 시난과 카밀라를 기다렸다. 그러나 카밀라는 이미 친구들을 찾아 춤을 추러 가버렸고, 시난은 그런 그녀를 찾아다니느라 정신이 없었다.

홀로 남겨진 나는 2층 갤러리로 발걸음을 향했다. 세계 어디에서도 느껴보지 못했던 충격적인 작품들에 정신이 혼미해질 지경이었다.

일렉트로닉 음악과 독특한 건축 그리고 춤, 음식 등 모든 것이 트렌디함으로 무장한 곳. 본래 신나게 춤을 추러 갔으나, 춤이 아닌 쿠바의 현대 예술에 감탄만 하다 돌아오고 말았다. 쿠바의 예술가들이 모이는 아바나의 예술공장. 이곳에서 Old Habana 라는 말은 전혀 어울리지 않는다. 베다도의 Trendy Habana라고나 할까.

다른 어떤 나라에서도 느낄 수 없었던 충격의 클럽, 이상 아바나의 예술공장 클럽 견학기를 마친다.

#멕시코 칸쿤 클럽

Tip

쿠바 클럽 갈 때 꼭 알아야 할 사항!

Fabrica de Arte의 경우 입장료가 있으며, 입장 시 주는 종이에 음료를 마실 때마다 도장을 찍고 퇴장 시 정산하는 시스템이다. 혹시라도 해당 종이를 잃어버리면 모두 마신 것으로 간주되어 꽤 비싼 금액을 계산해야 한다. 따라서 절대 종이를 잃어버리면 안 된다.

현지인들이 이용하는 합승 택시인 모네다 택시를 타고 베다도 근처의 '파브리카 데 아르떼' 근처에서 내려달라고 하면 된다. 모네다 택시 노선에서 두 블록쯤 떨어져 있다.

#열네 번째 상념_
즐기면서 산다는 것 #살사클럽

여행을 하다 보면 아주 다양한 사람들을 만난다. 특히 여행을 직업으로 하다 보니 함께 여행하는 영혼의 민낯을 보기가 쉽다. 그렇게 해서 실망하는 경우도 많지만, 감탄하게 되는 경우도 종종 있다. 특히 인생을 오래 살아오신 어른들을 뵙게 되면 내가 무엇을 배워야 할지, 혹은 배우지 않아야 할지가 확연하게 보인다.

그중에서도 인상 깊었던 분이 있었다. 바로 20년째 살사를 즐기시는 H 아저씨! 즐기면서 산다는 것은 보통의 삶과 매우 다르다. 또래의 중년과 비교했을 때 확연히 다른 모습이다.

여행을 하는 데에는 다양한 방법이 있다. 대부분 우리는 그저 여행지를 돌아보고 그 이국적인 아름다움에 감탄을 하고 끝이 나버린다. 그러나, 즐길 것이 있는 분은 다르다. 수동적으로 여행지를 받아들이는 것이 아니라, 본인의 즐거움을 위해서 먼저 다가간다. 살사를 즐겼던 H 아저씨는 모든 도시마다 살사를 추러 출근을 하셨다! 그것도 그럴 만한 것이 중남미는 살사의 본고장이기 때문. 덕분에 살사 초보인 내가 남미의 살사를 찐-하게 겪어볼 수 있었던 계기가 되었다.

춤을 춘다는 것은 그 사람과 교감하는 것이다. 살사를 추면 그 사람의 눈빛과 몸짓을 바라볼 수밖에 없다. 그러면서 우리는 상대방을 통해 진짜 그 나라를 느끼게 된다. 이러한 방식으로 온몸으로 여행을 느끼게 되면, 같은 방식으로 그 나라를 기억하게 된다.

즐기면서 사는 사람의 모습은 평범한 사람의 그것과는 매우 다르다. 즐길 것이 있다는 것은 얼마나 축복받은 것인가!

Tip

남미의 살사 : 쿠바 살사 vs LA 살사

살사에는 On1, On2 두 가지 종류가 있다. 같은 살사에도 다른 분파가 존재한다고 생각하면 쉽다. 두 가지 스텝의 가장 큰 차이점은 어느 발이 먼저 나가느냐이다. 두 스텝이 크게 다르진 않지만, 순서가 조금 다르다. 그중에서도 On1 은 중남미 대부분의 국가에서 애용되기 때문에 쿠반 살사(Cuban Salsa)라고 불리고, On2는 LA에서 시작되어 LA 스타일 살사라고 불리기도 한다. 현재 우리나라는 On2 스텝을 기본으로 한다. 그렇기 때문에 중남미에서 살사를 출 계획이라면 온원(On1) 스텝도 꼭 배워갈 것을 추천한다!

Tip

남미의 살사클럽 추천

| 트리니다드

Casa de la musica

설명이 필요 없는 쿠바의 야외 살사 무대. 트리니다드의 중심 광장에 위치하고 있다. 낮에는 모히토나 커피 등 음료를 판매하며, 해가 지고 나면 라이브 밴드의 연주와 함께 살사 타임이 시작된다. 구경하는 관광객뿐만 아니라, 엄청난 실력자들이 살사를 즐기러 오는 곳. 살사를 추고 싶다면 낮에 근처에서 클래스를 듣고, 저녁에는 쿠바 친구와 함께 춤을 추러 가보자!

주소 : Calle Cristo, Trinidad, Cuba

| 리마

Son De Cuba, Lima, Perú

리마 신시가지인 미라플로레스 중심가에 위치한 바. 케네디 공원 바로 옆에 흥겨운 음악과 호객꾼들이 있는 거리에 위치해있다. 살사뿐만 아니라 레게톤, 팝도 나온다. 현지인뿐만 아니라 외국인도 꽤 많은 편이다.

주소 : Calle San Ramón 277, Calle de las Pizzas, Miraflores

| 쿠스코

Mama Africa

쿠스코 아르마스 광장 바로 앞에 위치한 디스코텍. 초보를 위한 살사 베이직 강의가 있다. 강의는 주로 쿠바식 살사인 온원(On1). 밤 10~11시가 지나면 살사가 아니라 팝이 나오는 디스코텍으로 바뀐다.

주소 : Portal de Panes 109 3th Floor, Cusco, Perú

| 산티아고

Maestra Vida Pio nono

산티아고의 홍대와 같은 피오노노 거리에 위치한 살사클럽. 밤 9시~10시 사이에 초보를 위한 클래스가 있다. 밴드가 라이브로 연주하는 살사 음악을 들을 수 있는 반면 입장료가 있다. 칠레 현지인이 많이 찾는 살사클럽이다.

주소 : Pío Nono 380, Providencia, Recoleta, Santiago, Chile

| 부에노스 아이레스

Azúcar Abasto

도심과는 약간 먼 곳에 위치해 있기는 하지만 아르헨티나 사람들의 살사 사랑을 엿볼 수 있는 곳이다. 입장료에 음료 1잔과 살사 수업이 포함되어 있다. 살사뿐만 아니라 바차타, 메렝게 수업을 할 때도 있다. 수업이 끝나는 12시 이후부터 붐비기 시작한다.

주소 : Av. Corrientes 3330, C1193AAS CABA, Buenos Aires, Argentina

| 칸쿤

Mambocafé / Grand Mambo Café

칸쿤에서 가장 큰 살사클럽. 밤 12시 전후하여 라이브 밴드의 연주가 시작된다. 살사 클래스도 운영하고 있다. 다른 살사클럽에 비해 규모가 굉장히 크다.

주소 : Av Xcaret MZA 2 LTE 6 LOCAL 31, Benito Juárez, Cancún, México

#열다섯 번째 상념_
쿠바 스케이트보더들과 함께!

사람들은 여행에서 낯선 공간과 시간, 그리고 낯선 사람들에게 있어 관대해진다. 특히 나. 쿠바 아바나에서 말레콘 건너에 보이는 요새에 가보고 싶었다. 배를 타려고 줄을 서있는데 앞에 있는 쿠바 청년들이 스케이트보드를 들고 있다. 여행에 한껏 들뜬 나는 먼저 말을 건다. '이거 어떻게 타는 거야?' 그는 타보라며 손짓으로 답한다. 생각보다 재미있다! 몇 마디 나누고 친해진 우리는 함께 배를 타러 간다. 뱃삯은 내국인 전용 화폐인 CUP으로만

낼 수 있다고 한다. 그런데 돈이 없다. 아니, 외국인 전용 화폐인 CUC은 있는데, CUP이 없다. (1 CUC = 24 CUP) 쿠바 친구들이 대신 내 뱃삯을 내준다. 고마워!

만난 지 5분도 안된 쿠바 친구들은 배 위에서 쿵짝쿵짝 음악을 틀고 준비해온 럼을 마신다. '너도 한잔 마실래?' '응! 이게 내가 쿠바에 와서 처음 마시는 럼이야.' 목구멍은 뜨거운데 입 안은 향긋하다. 한국 노래를 듣고 싶다는 얘기에 지구 반대편, 쿠바 산크리스토발 언덕에 K-POP이 울려 퍼진다. 뭔가 이상한데 신이 난다.

그렇게 쿠바 청년들은 스케이트보드를 타러 갔고, 나는 체의 생가를 보러 갔다. 그곳에서 다시 마주친 아이 중 하나가 내게 핸드폰 번호를 물어봤다. 나 그런 거 없는데…? 민박집 번호를 알려줬다.

그리고 다시 만나기를 기약하며 그렇게 안녕.

Tip

쿠바에서 인터넷 사용하는 방법

쿠바에서 인터넷을 사용하려면 우선 ETECSA를 알아야 한다. ETECSA는 쿠바의 전화국을 말하는데 이곳에서 인터넷과 전화 등 통신을 관리한다. 와이파이를 사용하려면 먼저 호텔에서 ETECSA 인터넷 카드를 구입한다. 카드는 보통 1시간짜리가 가장 많다. 카드를 사고 스크래치를 긁으면 ID/PW를 알 수 있다. 이 카드를 들고 와이파이가 있는 호텔 로비로 간다. 와이파이에 접속하면 ID/PW를 입력하라고 나오는데, 이때 카드에 나와있는 정보를 넣으면 된다. 꼭 한 번에 다 사용해야 하는 것이 아니고 조금씩 아껴 쓸 수 있으니, 다 쓰지 않았다면 꼭 로그아웃할 것! 작을 마을의 경우 이 카드가 품절 되는 경우가 종종 있으니 미리 구입하거나, 사정이 여의치 않을 때는 공원에서 판매하는 사람을 찾아보도록!

Havana
Club

#아바나 거리

#트리니다드 거리

HOTEL
P 087 041
P 176 785

#아바나

네 번째 공간, 아르헨티나

"One's destination is never a place, but a new way of seeing things."

- Henry Miller

#열여섯 번째 상념_ 탱고를 못 추는 아르헨티노와의 카우치서핑

칠레 산티아고에서 만난 대만 언니, 메이 Mei는 아르헨티나에 가면 제발, 꼭, 무조건 카우치서핑을 해야 한다고 했다. 너무너무너무너무 재미있었기 때문에. 그래서 나는 칠레에서부터 아르헨티나 호스트들에게 무수한 쪽지를 보냈고 몇몇에게서 답장을 받았다. 그중 Ale라는 젠틀해 보이는 아르헨티나 남자가 있었는데, NGO 분야의 일을 한다고 했다. 내가 관심 있는 분야였기에 지체 없이 다른 호스트들은 제쳐두고 알레에게 답장을 보냈다. 몇 시간 후, 알레에게서 답장이 왔다. 콜롬비아 친구가 한 명 있는데 내가 괜찮다면 와도 좋다고!

알레의 집에 도착해서 이 얘기 저 얘기 나누다가, 알레는 저녁에 시간이 괜찮다며 나에게 뭘 하고 싶은지 물었다. 당연히 부에노스 아이레스에 왔으니 탱고를 배워보고 싶다며 탱고 수업에 가자고 제안했다. 아니면 네가 가르쳐줘도 된다고.

그런데, 나의 예상과 달리 알레는 탱고를 춰 본 적도, 배워본 적도 없다고 했다. 잉? '너 아르헨티나 사람 아니야?'라고 묻는 내게 알레는(만 39세) 요새 아르헨티나 젊은 사람들은 탱고에 크게 관심이 없다고 했다. 탱고는 주로 중장년층이 즐기는 문화라고.

어쨌거나 그렇담 함께 탱고를 배워 보자고 했다. 그렇게 아르헨티나 사람, 콜롬비아 사람, 한국 사람이 함께 탱고 왕초보 수업을 듣기로 했다.

살사 수업이 끝날 때 즈음, 탱고 바에 도착했다. 수업을 하는 학원이라기보다는 자유로운 바에서 시간표에 맞춰 온 손님들을 대상으로 탱고를 가르치는 곳이었다. 콜롬비아 북쪽에서 온 산티아고는 맘껏 살사 실력을 뽐내며, 우리에게 살사 특강을 해주었다. 역시 쿠바와 콜롬비아 사람들은 춤에 천부적인 재능을 타고나는 것 같다.

첫 수업은 밀롱가. 탱고의 아버지라고 하는데 여기에서 탱고가 파생되었다는 설도 있으며, 탱고를 즐기기 위해 사람들이 모이

는 장소나 시간을 말하기도 한다. 생전 처음 보는 남자와 탱고를 추다 보니, 정말 탱고가 사교댄스라는 생각이 들었다. 왜냐면 초보 스텝을 연습하면서도 두 남녀 사이에 아주 많은 대화들이 오가고 있었기 때문이다. 나는 언어의 장벽으로 심도 있는 이야기는 하지 못했지만…. 바람날 만하더라. 'It takes two to tango'라는 영어 표현도 있다고. 손뼉도 마주쳐야 소리가 나지! 탱고는 그런 춤이다. 그렇기 때문에 나는 커플이 함께 탱고 배우기를 강력 추천한다. 왜냐하면 남녀가 서로 호흡을 맞추고 배려하는 방법을 배울 수 있기 때문이다. 말하지 않아도 통하는 방법 같은 것을 배우니까 말이다.

초짜들끼리 연습을 하고 있으면, 선생님이 다가와 조언을 해주는데, 내가 가장 많이 지적받은 점은 '리드하지 마라, 기다려라.'였다. 탱고는 남자가 리드하며, 여자는 그를 따라가는 춤이기 때문에 여자인 나는 남자가 다가올 때까지 기다렸다 따라가야 한다는 것이다.

'이런 불합리한 처사가!'

라고 혼자 속으로 생각하다가 갑자기, 깨달음의 시간이 찾아왔다. 아! 그래서 내가 밀당을 못하는 거구나! 마치 학부시절, 영국문학개론 시간에 배웠던 제임스 조이스의 에피퍼니 epiphany와 같은 순간이랄까. 하하하. 나에 대한 새로운 교훈을 얻은 순간이었다. (그렇다고 앞으로 밀당을 잘하게 될지는…. 미지수)

어쨌거나 탱고 수업은 무척이나 재밌었다. 탱고는 살사만큼 신나고 재밌지 않을 거란 나의 예상을 깨고, 탱고 수업 내내 신나서 스텝을 밟고 있는 내 모습.

그나저나 잊고 있었는데, 다시 되뇌어야겠다.

'리드하지 마라, 기다려라.'

'리드하지 마라, 기다려라.'

'리드하지 마라, 기다려라.'

Tip

여자 혼자 카우치서핑 팁!

카우치서핑은 현지 친구를 만나, 진짜 그들의 문화를 체험하기에는 더없이 좋은 제도이다. 게다가 무료로 숙소를 해결할 수 있기 때문에 가난한 여행자들이 애용한다.

그, 러, 나 여자 혼자라면 혼자라는 것을 티 내지 않는 것이 좋다. 우리나라의 미디어에 몇 번 소개되었던 것처럼 카우치서핑을 좋지 않은 목적으로 이용하는 사람들이 있기 때문이다. 매우 드물지만 성폭행을 당하는 경우도 있었기 때문에 최대한 조심해서 호스트를 고르는 것이 좋다. 따라서 너무 급하게 호스트를 구하기보다는 시간을 두고 미리 리퀘스트를 보내 충분히 이야기를 한 후에 약속을 잡는 것이 좋다.

특히 나 같은 경우도 혼자 리퀘스트를 보냈을 때는 언제든지 환영!이라는 호스트가 많았으나, 남동생과 함께 방문할 예정이라는 이야기를 하는 순간 카우치를 제공해줄 수 없다는 호스트도 많이 보았다. 그래서 남동생과 함께 와도 좋다는 호스트를 골라 카우치서핑을 했다. 결과는 대만족. 분명 리스크는 존재하지만 그만큼 현지인들과 더 재미난 여행을 할 수 있는 것도 카우치서핑의 장점이다.

www.couchsurfing.com

Tip

탱고 쇼 vs 탱고 강습

탱고 쇼

부에노스 아이레스에 갔다면 한 번쯤은 꼭 봐야 하는 탱고 쇼. 하지만 탱고 쇼의 종류가 너무 많아서 무엇을 봐야 할지 망설여질 때가 많다. 가장 먼저 아르헨티나 탱고에서는 카를로스 가르델(Carlos Gardel)과 아스토르 피아졸라(Astor Piazzolla)를 빼놓고 이야기를 할 수가 없다. 가르델은 대중가요로서의 탱고 역사에서 아버지와 같은 존재이며, 피아졸라는 누에보 탱고라는 새로운 장르를 개척하여 탱고를 클래식의 반열에 올려놓은 사람이다. 그렇기 때문에 탱고라는 같은 이름을 갖고는 있지만, 확연하게 다른 음악 스타일을 가지고 있다. 개인적으로 가장 추천하는 탱고는 이 두 음악가의 이름을 딴 카를로스 가르델 탱고 쇼와 피아졸라 탱고 쇼이다. 그 외에 관광객을 위한 다양한 탱고 쇼가 마련되어 있다. 뮤지컬처럼 쉽고 재밌게 탱고 이야기를 풀어낸 대규모 쇼도 있고, 소수의 인원만 예약을 받아 눈앞에서 연주를 해주는 쇼도 있다. 또 영화 해피투게더에 등장했던 바에서도 탱고 연주를 즐길 수 있으니 미리 알아보는 것이 좋다.

탱고 강습

부에노스 아이레스에는 탱고 강습을 받을 수 있는 바가 몇 군데 있다. 탱고 쇼에서 식사 전 30분 정도 베이직 스텝을 강습해 주기도 한다. 간단하게 탱고의 맛만 보려면 1시간 강습으로 충분하다. 하지만 좀 더 탱고를 느끼고 싶다면 공연장이 아닌 현지인들이 실제 춤을 추는 곳으로 가야 한다. 아래는 탱고 강습을 받을 수 있는 바 리스트.

La Viruta

예약 없이 캐주얼하게 방문할 수 있는 탱고 바. 초급자를 위한 수업이 제법 마련되어 있고, 외국인도 많이 찾는 편. 수업을 미리 등록하는 것이 아니라 수업시간에 맞춰 댄스홀로 나가면 자유롭게 수업을 수강할 수 있다. 입장료 있음.

주소 : Armenia 1366, Palermo, Buenos Aires

Academia de Tango Mora Godoy

세계 최고의 탱고 레슨으로 손꼽히는 곳. 진지하게 탱고를 배워보고 싶다면 추천한다. 오바마 대통령이 아르헨티나에 왔을 때 함께 탱고를 추었던 댄서 Mora Godoy가 운영하는 곳. 탱고계의 혁명과 같은 곳이라고.

주소 : Av Pueyrredon 1090, Recoleta, Buenos Aires

Escuela Mariposita

오래된 건물이 아름답게 줄지어 있는 산텔모 거리에 위치한 탱고 학원. 초급부터 전문가 레벨까지 다양한 클래스가 개설되어 있다. 그룹 클래스나 개인 레슨도 받을 수 있으니 진지하게 탱고를 배워보고 싶다면 들러볼 것.

주소 : Carlos Calvo 950, San Telmo, Buenos Aires

#열일곱 번째 상념_
배낭여행을 한다면, 이 영화 추천!

아르헨티나로 가는 비행기 안에서 우연히 영화 Wild를 보았다. 멕시코 국경을 시작으로 시에라 산맥을 따라 캐나다 국경까지의 트레킹인 PCT (Pacific Crest Trail, 4,285km의 도보여행 코스)를 했던 한 여자의 실화를 바탕으로 한 이야기. 본래 책으로 먼저 출판이 되었는데, 리즈 위더스푼이 비행기에서 셰릴 스트레이드의 자서전을 읽고 이건 무조건 제작해야 한다며! 그래서, 결국 리즈 위더스푼이 제작 및 연기까지 맡았다는 후문.

배낭을 메다 구르는 모습에 자꾸만 내 모습이 겹쳐서 빵빵 웃다, 노을 지는 저녁에 다른 여행자와 이야기 나누며 맥주 마시는, 아무것도 아닌 장면에 눈물이 왈칵…. 사람에 대한 경계, 그리고 곧 따라오는 오해에 대한 미안함. 광활한 자연 앞에서 느끼는 무력감, 공포 그리고 탄성. 예쁘기만 했던 리즈 위더스푼이 이렇게 민낯으로 나온 것도 좋았고 (여행은 민낯이죠.) 그저 모든 것이 좋았다. 영화를 보는데 자꾸만 마음이 울컥울컥. 나도 이제 여행자 다 되었구나, 하는 생각이 들었다.

단지 자신을 잊기 위해서 떠난다면 자신, 그것도 가장 직면하기 두려웠던 자신을 직면하게 될 위험이 더욱 크다.

– 미셸 옹프레 『철학자의 여행법』, 세상의 모든 길들

자신의 가장 두려운 모습을 직시하고, 나아가는 치유의 발걸음. 배낭여행을 하든 안 하든 세상의 모든 방황하는 젊은이들에게 이 영화를 추천!

당신의 계획이 무엇인지 내게 말해줘요.

당신의 하나밖에 없는 소중한 인생으로 무엇을 할 작정인가요?

– 제임스 미치너 그리고 셰릴 스트레이드

Tip

배낭여행할 때 보면 좋은 영화

와일드 (2014)

미국의 작가인 셰릴 스트레이드가 Pacific Crest Trail(PCT)을 도보 여행한 경험을 책으로 펴냈고, 이 책이 영화화되었다. 불우한 유년시절과 엄마의 죽음으로 자살시도까지 했던 주인공이 상처를 치유하기 위해 걷기 시작한다. 배낭을 메고 여행하면서 맞닥뜨리는 모험과 성장 이야기.

모터사이클 다이어리 (2004)

23살의 의대생 에르네스토(체 게바라)와 그의 친구 알베르토의 남미 여행기. '포데로사'라 이름 붙인 모터사이클 한대로 안데스산맥을 가로지르는 그들의 여정은 훗날 체 게바라를 만드는 원동력이 된다. 체 게바라의 역사를 알고 싶은 사람이라면 꼭 봐야 할 영화.

월터의 상상은 현실이 된다 (2013)

반복되는 일상을 혼자만의 상상으로 즐겁게 살아내던 한 남자에게, 모험이 다가온다. 주인공이 일하던 잡지사의 폐간이 다가오면서 마지막 호 표지를 찾기 위해 떠나는 모험. 모험 안에서 성장하는 인간의 모습을 볼 수 있다.

Tip

남미 여행할 때 들으면 좋은 음악

보사노바

브라질에서 시작된 새로운 경향의 음악. 브라질 삼바에서 나온 음악으로 재즈의 영향을 강하게 받았다. 1960년대 미국에서 큰 인기를 얻으며 세계적으로 사랑받는 장르로 발돋움하였다. 이파네마의 소녀 'Girl from Ipanema'라는 노래로 안토니우 카를로스 조빔은 일약 세계적인 스타가 되었다. 리우 데 자네이루에 가면 밤 9~10시쯤 보사노바 공연을 하는 바가 몇 군데 있으니 들러보기를 추천한다.

누에바 칸시온

우리나라에도 비교적 잘 알려진 메르세데스 소사가 대표적인 아티스트. 칠레에서 "새 음악 운동"으로 시작된 장르이다. 이후 아르헨티나에서 발전하여 남미 전역으로 퍼져나가게 된다. 스페인 식민 문화가 아닌, 전통문화에 대한 새로운 인식과 보급을 위해 시작되어 잉카 인디오 문화에 뿌리를 두고 있다. 무조건적인 제국주의의 수용이 아닌, 자신들의 정체성을 찾으려는 노력과 함께 발달한 음악 장르. 누에바 칸시온의 진정한 계승자라고 불리는 칠레의 빅토르 하라는 군사독재의 탄압 끝에 사망하였고, 아직도 칠레 사람들에게 많이 회자된다.

탱고

보통 탱고라고 하면 춤을 가장 먼저 떠올리지만, 아르헨티나에서는 탱고 음악도 춤과 별개로 또 하나의 장르로 인정받을 만큼 발달했다. 특히 아스토르 피아졸라는 대중음악이었던 탱고를 클래식 반열로 올린 아티스트라는 평가를 받는다. 탱고에 관심이 있다면 한 번쯤 들어보았을 "Adiós Nonino", "Oblivion", 그리고 "Libertango"가 모두 그의 작품이다. 아르헨티나에서는 다른 음악 대신 탱고를 한번 들어보자.

#열여덟 번째 상념_
불륜과 남미의 공통점

나는 요시모토 바나나의 무심하고 허무한 문체 때문에 그녀의 소설은 잘 읽지 않는 편이다. 그렇지만 '불륜과 남미'라니. 내가 좋아하는(?) 두 가지 소재가 함께 나오는 소설이라니!

왜인지 모르겠지만 남미와 불륜은 꽤나 잘 어울리는 조합이다. 한국이나 일본 모두 지구 정반대편에 위치한 곳이 남미, 그러니까 우리가 지구 안에서 갈 수 있는 가장 먼 곳이기도 하거니와 표지에 그려진 탱고를 추는 남녀처럼 정열적인 사랑이 불타오르는 곳이라는 생각이 들기도 하니까. 뭐, 여러 번 가본 사람의 입장에서는 더이상 그곳에서 특별하게 정열이 불타오른다거나 하는 생각이 들지는 않지만, 그래도 그들이 우리보다 사랑의 씨앗을 더 많이 갖고 태어나는 것 같기는 하다. 모든 대화의 시작과 끝은 'Mi amor' 내 사랑, 아이를 부를 때도 연인을 부를 때도, 지나가는 사람을 부를 때도 모두가 내 사랑이다. 내 사랑이 여기저기 이렇게 흘러넘치니 사랑의 씨앗이 발화해서 꽃을 피우는 일도 참 쉽다.

왜 바나나 양은 남미를 다녀와서 불륜에 대한 소설을 쓰고 싶었을까? 아마도 불륜과 남미(혹은 여행) 모두 사람들의 가슴을 떨

리게 하는 단어이기 때문이 아닐까? 여행지에서 느끼는 일상에서의 탈출, 평범한 것들에서 벗어나 마주하는 특별함. 그것이 불륜과 닮아 있을지도. 위험한 일탈의 매력. 낯선 곳의 일상에 위치한 새로운 생명력의 소용돌이. 어쩌면 우리는 살면서 한 번쯤 그 소용돌이에 합류하고 싶어 안달이 나 있었는지도 모른다. 고요한 일상을 뒤흔드는 생명력. 그것이 남미의 매력이다.

여행을 하다 보면 가끔 일탈을 할 수 있는 기회가 생기곤 한다. 특히 지구 반대편에 위치한 남미에서는 낯선 것들 투성이에 둘러싸여, 일상에 존재하던 '나'를 내던질 수 있게 된다. 말이 통하지 않는 사람과 쿠바 아바나의 말레꼰에 앉아 몇 시간 동안 얘기를 나누기도 하고, 페루의 알지도 못하는 라틴 클럽에 가서 미친 사람처럼 노래를 부르며 춤을 추고, 평소에 시도하지 못했던 과감한 패션을 시도하기도 하고! 여태까지의 네모 반듯한 나를 벗어나 아무렇게나 내던져진 찰흙처럼, 여행자로 살아내는 나만의 시간들, 떨림을 간직한 일. 여행.

다음 여행에서는 어떤 일탈을 저질러 볼까. 갑자기 마음이 설렌다.

Tip

남미여행 전 읽기 좋은 책

백 년의 고독

노벨문학상을 받은 콜롬비아의 작가 가브리엘 가르시아 마르케스의 대표작. 백 년 동안 한 가문의 역사를 마술적 사실주의 안에서 구현해낸다. 남미문학하면 가장 먼저 언급되는 작품.

스무 편의 사랑의 시와 한 편의 절망의 노래

'일 포스티노'라는 영화의 소재가 되었던 칠레의 시인, 파블로 네루다의 시집. 혈기 넘치는 젊은 청년의 사랑을 느낄 수 있다.

연금술사

브라질의 작가 파울로 코엘료의 대표작. 자신만의 보물을 찾는 우리 모두의 여정을 그린다. 간결한 문체로 편안한 마음으로 읽기에 좋다.

#이과수 폭포

#피츠로이

#엘 칼라파테 모레노 빙하

#우수아이아

#피츠로이의 가을

다섯 번째 공간, 페루

"A great way to learn about your country is to leave it."

- Henry Rollins

#열아홉 번째 상념_ 유익함에 대한 강박

여행 97일째, 마추픽추에 갔다. 3시간을 걸어 아구아스 깔리엔떼스에 도착하고는, 눕자마자 잠이 들었고 제일 먼저 일어났다. 마추픽추는 남미 여행의 하이라이트(=의무감으로 가야 했던 첫 번째 장소)였다.

사실 마추픽추라는 공간에 '내'가 있었다는 것이 중요했을 뿐, 여행에서 중요한 것은 뭘까? 돌아오는 기차 안에서 동행한 친구 K와 이런저런 얘길하는데, 나보다 어리지만 이런 생각을 하고 살고 있구나…. 나도 그랬었나? 아니, 적어도 이 친구는 나보다 훨씬 이것저것 많이 노력하고 있구나. 나야말로 아무것도 안 하고, 되는대로, 흘러가는 대로 살고 있다는 생각이 들었다. 그저 그렇게 부유하듯이 살고 있는 것 아닐까. 지금 여행하는 이 시간마저 "유익"해야 한다는 강박이 갑자기 나를 덮쳤다. 어쨌거나 그렇다고 해서 내가 "유익"한 여행으로 탈바꿈할 종자는 아니지만….

어쨌거나 이 6개월간의 여행은 나를 행복하게 만들었다. 그게 전부다. 회사에 출근하고, 일을 하고 커피를 마시고, 스트레스받는다며 또 술을 마시고, 끝없는 방황 속에서 헤매던 내가 스스로 행복하다고 느끼는 것.

매일 밤, 오늘 일에 스트레스 없이- 고민 없이 잠들고, 내일에 대한 생각으로 행복해하는 것.

그것만으로 충분했다.

Tip

마추픽추로 가는 두 가지 방법

저렴하게 가는 방법

수력발전소까지 콤비 버스를 타고 가서 그곳부터 아구아스 깔리엔테스까지 기찻길을 따라간다. 도보 약 3시간 소요. 콤비 버스는 하루에 1~2대뿐이니 꼭 미리 시간을 알아보길 바란다. 기찻길로 걸어가는 것이 위험할 수 있기 때문에 밤에 간다면 헤드 랜턴은 필수. 걸어갈 경우 안전에 유의해야 한다.

편하게 가는 방법

기차를 탄다. 페루레일 또는 잉카레일이 운영 중. 가장 저렴한 등급이 약 100 USD. 페루레일 중에는 고급 열차인 비스타돔도 있으니 여유가 있다면 추천!

#스무 번째 상념_
걷는 것만 생각해, 남은 거리는 중요하지 않아

사실 나는 페루에 대해 별 계획도 생각도 없었다. 그러다 동행했던 친구 K를 따라서 69 호수와 빙하가 있는 와라즈에 갔다. 아무것도 모르고 고산지대에 위치한 와라즈를 쉽게 생각했다. 마치 '친구 따라 강남 가는 것'처럼.

사실, 나는 한국에서도 등산을 전혀- 하지 않는다. 내 평생에 오른 산이라고는 신입사원 교육 때 갔던 인등산과 지리산 둘레길뿐이었다. 그조차도 펑펑 내리는 눈을 맞으며, 설상가상으로 감기에 걸린 나는 훌쩍거리며 걸었기에 썩 유쾌한 기억은 아니었다. 호스텔에서 만난 친구들에게 얘기를 들으니 69 호수는 만만한 곳이 아니었다. 해발 4,625m의 고산에다가, 초급자에게는 쉽지 않은 코스라고. 잔뜩 겁에 질린 나는 그곳에서 일하는 레오에게 상담을 요청했다. 그러자 그는 69 호수까지가 너무 힘들다고 생각되면 중간의 폭포까지만 갔다 내려가도 된다고 했다. 결국 걱정을 한가득 안고, 내일 출발하기로 한다.

겁이 나서인지, 설레어서인지 새벽 두시까지 뒤척거리다 잠이 들었다. 그리고 4시 반 기상, 버스를 타고 산 근처의 호수에서 근사한 야외 아침을 먹을 줄 알았다. 그런데 근사하기는커녕 너무

추워서 벌써 집에 돌아가고픈 생각이 든다. 엉엉. 다시 차를 타고 30분쯤 올라가니 내리란다. 드디어 트레킹 시작! 30분쯤 올라가니 첫 번째 포인트라고 했던 폭포가 보인다. 이미 우리는 4,000m에 다다른 곳에서 트레킹을 시작했기 때문에 고산증이 오기 시작했다. 오스트리아 여자가 먼저 포기하고 내려갔다. 앗, 포기한다면 지금 타이밍인 것 같은데…. 생각하다 가이드 레오에게 힘들다며 얘길 꺼냈다. 그랬더니 레오가 내 얼굴을 찬찬히 보더니,

"소라, 너 멀쩡해~ 할 수 있어. 가자!"

라고 말한다. 응? 아까 오스트리아 여자애는 그냥 가라고 하더니 난 왜?! 게다가 레오는 페루에 오는 많은 한국 여행객 덕분에 간단한 한국어를 구사했다. 한국말로 "할 수 있어! 가자!"라고 하는데 정말 할 말이 없었다. 젠장.

결국 나는 그날의 열등생으로 레오의 호위를 받으며 찬찬히 한 발 한발 나아갔다. 고도가 높아질수록 정신이 아득해졌다. 실제로, 내 머릿속에서 산을 올랐던 기억이 드문드문 비어 있다. 나는 2-3분에 한 번씩 멈춰서 숨도 못 쉬고 헉헉대면서도 계속해서 목적지까지 얼마나 남았는지를 물었다. 레오는 내게,

"걷는 것만 생각해. 남은 거리 같은 건 중요하지 않아."

라고 말했다. 눈물이 목 끝까지 차오른 나를 레오가 꼭 안아주

었다. "괜찮아, 괜찮아…." 새삼 산을 타면서 내가 얼마나 목표 지향적인 사람인가를 생각했다. 자꾸만 호수가 얼마나 남았냐고 묻는 나와, 걷는 것에만 집중해야 한다는 레오. 나 스스로를 '현재를 즐기는 사람'이라고 말하면서도 나도 모르게 목표에 집착하고 있었다. 레오의 충고를 받아들여 아무 생각도 하지 않고 걷기 시작했다. 해탈이라는 것이 이런 비슷한 것일까? 목표 따위는 잊은 채, 묵묵히 걷기만 했더니 한결 마음이 편해진다.

그렇게 한참을 걷다 아무래도 내가 안돼 보였는지 레오는 산소를 마시라고 했다. 뜯지도 않은 산소캔이라니! 그런데 정말 입에 산소를 넣으면 그 순간, 번개처럼 정신이 돌아온다. 그러나 2-3분 후면 또 제자리이다. 산소를 계속 마시면 의존하게 되기 때문에 많이 마시지 않는 것이 좋다. 나는 결국 두 번의 산소 공급을 받고 해발 4,625m 의 69 호수에 도착했다.

도착해서 먼저 가버린 친구들의 얼굴을 보니 갑자기 눈물이 쏟

아졌다. 너무 힘들어서 눈물이 나려는 것을 꾹 참고 올라갔는데, 반가운 얼굴을 보니 눈물샘이 터져버린 것이다. 결국 나는 그렇게 목적지에 도착했다. 돌아보면 나는 꽤나 목표 지향적인 사람이었다. 학교에서도, 회사에서도. 나는 그것이 나의 장점인 줄 알았다. 그로 인해 무언가를 배우는 것도, 일을 하는 것도 빠르게 진행되곤 했으니까.

그래도 가끔은, 내려놓아야 할 때가 오는가 보다. 페루에서의 그날처럼.

#살리네라스 고산 염전

Tip

고산증을 이기는 방법

아아, 나는 누구? 여긴 어디? 고산증은 저지대에 살았던 사람이라면 누구에게나 찾아온다. 걷기가 힘든 건 물론이거니와, 숨이 차고 머리가 아프고 몸에 힘이 없다.

고산증을 이기는 방법은 고도에 익숙해지는 방법밖에는 없다. 물을 많이 마시고(특히 코카차), 천천히 걷고, 식사는 적당히 한다면 며칠 후 적응이 된다. 특히 술과 담배는 하지 않는 것이 좋다. 고산증 약이 있기는 하지만 실제로 고산증은 치료할 수가 없으며 고도를 낮추는 것만이 치료방법이라고 한다. 약을 복용할 때는 부작용이 있을 수 있으므로 꼭 미리 확인해보는 것이 좋다.

#와카치나

#스물한 번째 상념_
여행, 언어를 뛰어넘는 아름다움

여행을 하다 보면 언어를 뛰어넘는 것들에 집중하게 된다. 사랑, 음악, 예술, 아름다운 것들. 언어의 장벽에 가로막혀 답답할 때도 있을지언정, 언어를 뛰어넘는 아름다움에 나의 감정을 온전히 열어버리는 것이다.

새로운 도시에 막 도착했을 때, 돈을 아껴보자며 택시가 아닌 시내버스를 타기로 했다. 어찌어찌 헤매다 무사히 시내버스를 탔고, 내릴 때쯤 기사 아저씨에게 광장까지 가는 길을 물었다. 그랬더니 옆에 있던 한 푸근해 보이는 아줌마께서 함께 가자며, 길을 알려주시겠다고 했다. 역시나 나는 냉큼 따라갔다. 아줌마는 내가 얘기한 호스텔까지 나를 데려다주며, 구시가지 곳곳에 있는 명소를 알려주셨다. 내가 스페인어를 잘 하지 못했던 터라 절반도 이해하지 못했지만, 그런 나를 위해 사진도 찍어주시고 호스텔에서 흥정까지 도와주셨다!

그러고도 모자라 저녁에 친구가 노래하는 바에 가자며 나를 초대해 주셨다. 사실 나는, 하루 종일 아주머니의 스페인어를 이해하려고 용쓰느라 진이 다 빠져있었다. 그렇지만 아주머니의 호의를 거절할 수는 없었다. 지친 몸을 이끌고 아주머니의 친구가 노래하는 바에 도착했다. 차가운 밤공기와 따뜻한 차 한 잔, 그리고 음악. 하루 종일 곤두서 있던 신경이 마침내 무장 해제되는 기분이 들었다. 그저, 행복했다. 언어 따위는 필요 없었다.

내가 만났던 다른 친구들 또한 전혀 영어를 구사할 수 없는 이들이 많았다. 하지만, 우리는 소통할 수 있었다. 일치하는 언어가 없음에도 불구하고 대화가 되는 것이 신기했다. 이제 와서 돌이켜 생각해보면, 도대체 어떻게 내가 그들과 이야기를 나누었는지 도통 알 수가 없다.

나는 침묵이 사랑의 필수 요소라는 점에 동의한다. 언어는 너무나 많은 것을 파괴한다.

그런 점에서 여행도 사랑도,

가끔은 침묵의 시간이 필요하다.

언어를 뛰어넘는.

#쿠스코

Tip

언어와 소통에 관한 책

『은밀한 생』

(파스칼 키냐르/문학과지성사/2013)

전혀 아무것도 이해하지 못함은 굉장한 전달 수단이다. (75p)

언어는 자가당착에 빠지기를 좋아한다. 자기모순에 빠지기를 즐길 뿐만 아니라, 우리로 하여금 말이 하고 싶어 안달이 나게 만든다. 언어는 지배력을 추구한다. 언어의 기능은 대화인데, 대화는 오늘날에는 무슨 말을 하든 간에 전쟁이다. 그건 말로 하는 전쟁이어서 몸으로 하는 결투를 대신한다. 지도자들은 언제나 무엇보다도 언어를 사랑했다…. 즉 가슴 깊이 느껴지는 모든 것을 외면해야만 한다. (80p)

인간의 언어로 들어가는 입구의 문은 하나뿐이다. 인간의 언어의 출구에는 세 개의 문이 있다 : 즉 수면, 침묵, 나체다. 세 개의 문은 세 개의 결별이다. (459p)

비교적 성공적으로 퍼즐을 맞추려면 소통 불가능한 것을 가능하게 만드는 '사랑'이라는 열쇠를 사용하되 사랑의 세 가지 금기를 지키지 않으면 안 된다. 세 가지 금기란 잠들기 말 것, 말하지 말 것, 보지 말 것이다. (482p)

#칸쿤

#Epilogue

남미를 열 번이나 가게 될 줄이야….

퇴사한 지 4년이 되어간다. 회사를 계속 다녔더라면 절대 경험하지 못했을 많은 일들을 경험했다.

평생 한 번 갈 줄 알았던 남미를 벌써 열 번쯤 다녀왔으며, 이제는 여행자들에게 남미를 안내해주는 사람이 되었다. 여행 인솔자도 되어보고, 이렇게 책도 내고, 어쩌다 보니 출판사도 만들었다. 살사를 배우고, 부에노스 아이레스의 모든 탱고 쇼를 섭렵하며 다니기도 하고. 거대한 조직의 부품이 아닌, 모래알보다 작지만 그래도 나 스스로 완전체로 살아남는 방법을 죽어라 고민해보기도 하고. 아쉬울 것 없던 돈이 아쉬워지기도 하고.

얼마 전 대출이 필요해서 은행에 갔다. "대기업도 아니고 연봉 4,000만 원이 넘는 것도 아니셔서…." 은행 직원이 말끝을 흐렸다. 그럼에도 불구하고 나는 지금의 내가 좋다. 여행을 사랑하는 사람들을 만나 새로운 세상과 연결될 수 있다는 점에서, 무척이나.

남미로 떠나는 하늘에서 왜 하필 보이후드라는 영화를 보게 되었을까. 우리는 살면서 얼마나 많은 사람들의 영향을 받는가? 작디작은 인생의 유리 파편들이 모여 하나의 인간이 만들어지는 과정이 바로 이 영화 전체를 관통한다. 여행하는 내내 이 영화가 많이 떠올랐다. 내 인생의 작은 조각들을 이루고 있는 사람들이 불쑥 떠오를 때가 많았고, 새로이 만난 사람들이 나의 또 다른 조각이 되어가는 것을 느꼈다.

여행을 하면서 얻은 것이 무엇이냐 묻는 사람들이 많다. 사실 그런 거 없다. 그래도 하나를 이야기하자면, 내가 만난 사람들과의 빛나는 순간들이, 나를 이루는 또 하나의 빛나는 파편이 될 것이라는 사실을 깨달았다는 것.

나를 만드는 조각들에게 감사하며,
글을 마친다.

한 번의 퇴사
열 번의 남미

초판1쇄 2019년 3월 19일
초판2쇄 2019년 4월 21일
지 은 이 허소라
펴 낸 곳 하모니북
교정교열 이소영, 서주희

출판등록 2018년 5월 2일 제 2018-0000-68호
이 메 일 harmony.book1@gmail.com
전화번호 02-2671-5663
팩 스 02-2671-5662

979-11-89930-00-4 03950

값 15,500원

이 도서의 국립중앙도서관 출판예정도서목록(CIP)은 서지정보유통지원시스템 홈페이지(http://seoji.nl.go.kr)와 국가자료공동목록시스템(http://www.nl.go.kr/kolisnet)에서 이용하실 수 있습니다.
CIP제어번호 : CIP2019005093